मुट्ठी भर मुस्कान

(समवेत काव्य संकलन)

सम्पादक

गोविन्द 'अनुज'

सह सम्पादक

मोहन योगी

अखलाक खान

नारायणी प्रकाशन

शिवपुरी (म.प्र.) 473551

मुट्ठी भर मुस्कान

(समवेत काव्य संकलन)

संपादक

गोविन्द अनुज

नारायणी प्रकाशन

शिवपुरी (म.प्र.) 473551

नारायणी प्रकाशन

Title : Mutthi Bhar Muskan
Author : Govind 'Anuj'

Published By-
Narayani Prakashan

Anjuman Prakashan
Printed and bound in India.
Paperback, First published by Narayani Prakashan in 2023
ISBN : 978-93-88556-82-8

Price in india: 225/-

अपनी बात

साहित्य समाज का दर्पण होता है। साहित्य और समाज का आपस में अटूट रिश्ता है। यह दोनों एक दूसरे पर आश्रित होते हैं। साहित्य समाज के बिना किसी काम का नहीं है और समाज साहित्य के बिना अधूरा है।

साहित्य के माध्यम से साहित्यकार समाज को उसके मूल विचार बताने का कार्य करता है। समाज के बिना साहित्य और साहित्य के बिना समाज किसी काम का नहीं है। दोनों एक दूसरे के पूरक हैं।

साहित्यकार समाज में घट रहीं अच्छी-बुरी घटनाओं को अपनी कलम के माध्यम से समाज तक पहुंचाता है और समाज के अनुरूप अपना मंतव्य निर्धारित करता है।

समाज की उन्नति में साहित्य का महत्वपूर्ण योगदान होता है। उचित परिस्थितियों का ठोस मूल्यांकन करना साहित्यकार का काम होता है।

वर्तमान में साहित्य के प्रति अनुराग बढ़ा है। साहित्य अपने परिवेश के अनुसार समाज में हो रहे नैतिक उतार-चढ़ाव, मौलिक लाभ हानि और अमन का लेखा-जोखा समाज के सामने प्रस्तुत करता है। तदनुसार समाज अपनी आगे बढ़ने की दिशा निर्धारित करता है।

साहित्य सृजन एक ऐसी प्रक्रिया है जिसकी मात्रा तमाम आरोह-अवरोहों से गुजरती हुई सदियों से निरंतर चलाए मान है और समाज की सभ्यता स्वाधीनता और मर्यादा को बनाए हुए हैं। यह सच है कि साहित्य सृजन सहज, सरल और सीधा नहीं है बल्कि अनेक उतार-चढ़ाव है। अवरोधों की अनेक प्रतिकूल पद्धतियां प्रचलन में आ जा रहीं हैं किंतु फिर भी सत साहित्य का सृजन सतत गतिशील रहता है।

इस "मुट्ठी भर मुस्कान" काव्य संकलन में रचनाकारों ने अपने अनुभवों को अनुभूति कल्पना विमर्श तथा मंथन के परिपाक के रूप में अभिव्यक्त किया है।

इस संकलन में जाति धर्म, राजनैतिक विद्रूपता, प्रेम के विविध रूप, देश प्रेम, टूटते मानवीय सम्बन्ध, मानव मूल्यों की जर्जर होती व्यवस्था परिचालक

संस्कृति के प्रति अनियमित जीवनशैली नारी की पीड़ा के साथ-साथ पर्यावरण, सामुदायिक सद्भाव, जागरूकता आदि विषयों पर रचनाओं को अपने विचार काव्यात्मक रूप में चित्रित किए हैं। यह संकलन हमारे युवा और 30 रचनाकारों को प्रोत्साहित करते हुए समाज को नई दिशा दिखाने का माध्यम बनेगा- ऐसा विश्वास है।

यह काव्य संकलन आशा है-उम्मीद है-दीक्षा है-शिक्षा है-संस्कार है-संवेदना है-भक्ति है-शक्ति है। विवेकशील रचनाओं ने जीवन के विभिन्न रूपों भिन्न-भिन्न पहलुओं पर से एक अभिव्यक्ति कागज केनवास पर उतरकर हमारे सामने प्रस्तुत की है।

काव्य संकलन "मुट्ठी भर मुस्कान" के सभी रचनाकारों की शब्द साधना, आत्मीयता, साहित्यसेवा और सृजनशीलता वंदनीय है, हम हृदय की अनन्त गहराइयों से इन सभी काव्य मनीषियों, शब्द शिल्पियों को हार्दिक शुभ-कामनायें ज्ञापित करते हैं।

अपने पाठकों से सीधा सम्बाद करती हुई ये रचनायें आपको पसंद आएंगी-एसा विश्वास है।

गोविंद अनुज

गीत गोविंद, सिध्देश्वर कॉलोनी

शिवपुरी म.प्र. 473551

अनुक्रम

नाम- अजय जैन

उपनाम- अविराम

शिक्षा - B. pharm.,
M. B. A.(HR and marketing)

वर्तमान व्यवसाय (प्रतिष्ठान)- नवकार मेडिकल एंड सर्जिकल्स शिवपुरी (म. प्र.)

साहित्यिक गतिविधियाँ -

-आंचलिक अखबारों मे रचनाओं का प्रकाशन।

-आगमन साहित्यक संस्था का संचालन एवं अध्यक्ष पद का निर्वाहन तीन वर्षों तक।

-कवि सम्मेलनों मे काव्यपाठ।

-सतत सृजनात्मक लेखन का प्रयास और संघर्ष जारी है।

-जैन धर्म के सूर्य समाधिस्थ आचार्य शांति सागर जी महाराज के जीवन पर लिखित विस्तृत ग्रंथ "चारित्र चक्रवती" का कवित्त मे लेखन।

-'अंजुरी भर अनुराग' प्रकाशित समवेत संकलन मे सहभागिता।

-"अविराम हायकू वॉल्यूम-1" शीर्षक से पुस्तक प्रकाशाधीन।

बेटी

कर्ज को फर्ज,
समझकर सदा,
निभाती बेटी।

बाप का मान,
पति घर सोपान,
बढ़ाती बेटी।

पापा के उर,
अटूट अहसास,
उगाती बेटी।

है समर्पण,
सर्वस्य अर्पण,
सुहाती बेटी।

खुद को हरा,
जीतना आपनो को,
सुझाती बेटी।

भाव से छली,
आँसु से उर गली,
भिगाती बेटी।

अपने नहीं,
जीना सभी के लिये,
सिखाती बेटी।

हंसना रोना,
डट कर सहना,
बताती बेटी।

छोड़ती घर,
जाकर पिया घर,
बसाती बेटी।

जनम कही,
मरना जाने कहाँ,
सूझाती बेटी।

छोड़ना हमें,
जोड़ना जुगत भी,
सिखाती बेटी।

अच्छा बुरा भी,
सबंध सँभल के,
निभाती बेटी।

अजय जैन अविराम
नवकार मेडीकल स्टोर शिवपुरी

इतना सहा,
फिर भी चुप रहा,
बेटों के लिये।

पसीना बहा,
करे एक का सवा,
बेटों के लिये।

धूप मे तपा,
वो बाप कई दफा,
बेटों के लिये।

रात या दिन,
खुद भी गया छिन,
बेटों के लिये।

-अजय जैन अविराम
नवकार मेडीकल एंड सर्जिकल्स, सिद्धेशवर शिवपुरी

पिता बेटों के लिये

लगाया होगा,
पौधा उसी ने सोच,
बेटों के लिये।

घनी है छाँव,
है बनी हुई आज,
बेटों के लिये।

मीलों है चला,
रोशनी बन जला,
बेटों के लिये।

ढला न कभी,
उदित होता रवि,
बेटों के लिये।

खुद को घटा,
कर्म मे पूरा पटा,
बेटों के लिये।

थोड़ा सा खरा,
अंतस आंसू से भरा,
बेटों के लिये।

माँ देखे आज,
वो भविष्य आगाज,
बेटों के लिये।

बाप का होना,
कांटों पर है सोना,
बेटों के लिये।

दे दिया सब,
धरती नींव नभ,
बेटों के लिये।

पैर के छाले,
कितने सहे भाले,
बेटों के लिये।

काँटे भी चुभे,
दर्दों मे होते दबे,
बेटों के लिये।

नाम-	अखलाक खान
उम्र-	50 वर्ष
शिक्षा-	एम. एस. सी., आई. टी., बी. टी. सी.
पिता-	स्व. श्रीसुल्तान खान
सम्प्रति-	प्रबंधक, रेडिऐन्ट एजूकेशन ग्रुप शिवपूरी
लेखन	-नई कविता, पुस्तक समीक्षा
संस्थाओं से जुड़ाव-	सचिव म. प्र. हिन्दी साहित्य सम्मेलन शिवपुरी इकाई, भारत ज्ञान विज्ञान समिति म.प्र.
प्रकाशन-	पत्र-पत्रिकाओं में कविता व पुस्तक समीक्षा का प्रकाशन
प्रसारण-	आकाशवाणी से कविताओं एवं वार्ता का प्रसारण
उपलब्धि-	जाने-माने वयंग्य कार हरिशंकर परसाई से प्रशंसा प्राप्त

• संस्कृति विभाग म.प्र. शासन से बच्चों में नाट्य विद्दा विकसित करने हेतु प्रशंसा पत्र व सम्मान राशी,

• जिला स्तर पर राष्ट्रीय स्तर के साहित्यिक क्रायक्रमों के आयोजन, वैज्ञानिक चेतना प्रसार हेतु नाटकों का मंचन एवं लेखन

• वाटरशेड व पंचायत सचिव प्रशिक्षकों के प्रशिक्षक की ट्रेनिंग।

• जिले में साक्षरता, पर्यावरण संरक्षण के कार्य, वाटरशेड के लिए इत्यादि जन चेतना के कार्यों में सहभागिता

जड़ों की ओर

जड़ होना
और जड़ों की ओर लौटने में
मूल-भूत अंतर है।

जिन्हें
मानव विकास की जड़ों में
दिखाई देते हैं सिर्फ बंदर
उन्हें
अधिक खतरा नज़र आता है
जड़ होने का।

पतझड़ के बाद पेड़
जब
अपनी जड़ों की ओर लौटते हैं
तब
नवयौवन के साथ
प्रस्फुटित होते है फुनगे, पत्तियाँ, कलियाँ
और फूल
दौड़ती है रग-रग में सिहरन
जड़ों की ओर लौटना
पर्याय है प्रगतिशीलता का
जीवन को बारम्बार खूबसूरती से भरने का।

अखलाक खान, शिवपुरी

धार के विरुद्ध

शिक्षकों की हत्या
किसानों की आत्महत्या के बावजूद
नहीं होती उनकी आत्मा विचलित
उन्हें
सुनाई नहीं देते
भिखारियों के आलाप
खुले में रात विताते हजारों हजार लोगों का रतजगा
बच्चों का क्रन्दन और
रोटी का संघर्ष गीत!

दिखाई भी नहीं देता उन्हें
डब्ल्यू.टी.ओ. का खेल
नेताओं की बाजीगरी
पूँजीवादी मकड़जाल
और मकडजाल के केन्द्र में जन-गण की तकदीर!

समन्दर का मीठा होता पानी,
दूध पीती मूर्तियां,
धार्मिक उन्माद,
और उन्माद में होती हत्याऐं
जरा भी आंदोलित नहीं करती उन्हें।
मृत मछलियों की तरह धार के साथ बहें
या जीवन संघर्ष के लिए धार के विरुद्ध?
तय हमें ही करना है!

अखलाक खान, शिवपुरी

जद्दोज़हद

आज की रात दिखाई देती है कुछ खास खूबसूरती
ताज में
गंगा के जल में
मीन और ग़ालिब की शायरी में
और तुम में!

आज की रात
दी जाती हैं अनेकानेक उपमाऐं
प्रेयसी का चेहरा भी तुम्हारा ही प्रतिबिम्ब लगता है
हाथों हाथ लेना चाहते हैं बच्चे भी

तुम्हारे बारे में
फुरसत होने पर लिखूंगा कविता
लेकिन,
अभी शुरु करनी है पृथ्वी को बचाने की जद्दोज़हद!

अखलाक खान

नाम - इंजी. अवधेश कुमार सक्सेना

सेवानिवृत वरिष्ठ इंजिनियर मध्य प्रदेश शासन जल संसाधन विभाग

अध्यक्ष, भारतीय साहित्य एवं संस्कृति संस्थान, शिवपुरी, मध्य प्रदेश

शैक्षणिक योग्यता- DCE(Hons.), B.E.(Civil), MA (Sociology), LL.B.,

PGD Rural Development

विधा- पद्य एवं गद्य की 31 विधाओं में साहित्य सृजन।

प्रकाशित पुस्तकें – अभियंता विश्व, चित्रांजलि, चित्रांश चेतना, पानी रोकने के आसान तरीके, हरियाली के अंग, प्रोजेक्ट मैनेजमेंट, निरोगी रहने के उपाय, जलग्रहण मार्गदर्शिका, ग़ज़ल संग्रह "अकेले सफ़र में, काव्य संग्रह "मैं ही तो हूं ईश", "एक दीपक जलाएं", "जगमगाता देश"

प्रकाशनाधीन – गीत संग्रह "प्यार की यही कहानी", गीता की सीख एवं प्रेरक संदेश, ग़ज़ल संग्रह "मिल गई मंजिल मुझे" एवं उपन्यास "महायोगी"

सम्मान- शासन सहित अनेक प्रतियोगित संस्थानों द्वारा अवार्ड एवं प्रशस्ति पत्र प्राप्त।

पता- *65, इंदिरा नगर, शिवपुरी मध्य प्रदेश 473551*

गाँव आता याद मुझको जब हुई तन्हाई है

गाँव आता याद मुझको जब हुई तन्हाई है।
शाम है जब ये सुहानी, श्याम बदली छाई है।

आज फिर यादें पुरानी, अब मुझे भी आ रहीं।
गाँव का घर और गलियाँ, मन पटल पर छा रहीं।

खेत की मिट्टी बहुत खुश, अब हवा पुरवाई है।
गाँव आता याद .....

ताल के वो घाट कहते, फिर नहाने आइए।
पेड़ पर चढ़कर मुरलिया, फिर सुनाकर जाइए।

नीम पीपल जाम जामुन, वृक्ष हैं अमराई है।
गाँव आता याद ......

द्वार पे माँ संग बैठें,पास की सब चाचियां।
बात बहुओं की चले तो, बोलतीं सब दादियां।

गाँव की चौपाल पर ही, हो रही सुनवाई है।
गाँव आता याद ......

लिप रहे आँगन सभी के, पुत रहीं दीवार हैं।
हाट में है भीड़ कितनी, सज रहे बाजार हैं।

दीप मालाएं जलीं हैं, फिर दिवाली आई है।

गाँव आता याद ....

बज रहे घुँघरू छनक छन, थाप ढोलक पर पड़ी।
नृत्य में तल्लीन भाभी, फिर बहन दर पे खड़ी।

आ गई बारात कोई, बज रही शहनाई है।

गाँव आता याद ....

इंजी. अवधेश कुमार सक्सेना
शिवपुरी मध्य प्रदेश

शिव संदेश

रहूं निर्जीव पत्थर में, मुझे पूजें सभी मन से।
बसूं मैं जीव के अंदर, रहें पर दूर सब तन से।

कभी सच झूठ का अंतर, समझता ही नहीं मानव।
झुकाता शीश मंदिर में, बना पर कर्म से दानव।

पढ़े गीता पुराणों को, कहे शिव रूप कण कण है।
निराकारी कभी माने, कभी शिव अंश ही गण है।

करे बस प्रार्थना सुख की, दुखों को मोल में लाता।
दिखावे की करे सेवा, दया से दूर का नाता।

करे अभिमान धन बल का, रहे जो व्यर्थ ही गर्वित।
हृदय सद्भाव से खाली, कभी होता नहीं हर्षित।

सनातन धर्म को समझो, इसे पाखंड मत मानो।
मुझे हर जीव में देखो, प्रकृति ब्रह्मांड पहचानो।

मुझे पहचान जो लेंगे, वही शिव ज्ञान पा लेंगे।
शरण में जो रहें मेरी, उन्हें शिव मोक्ष दे देंगे।

©अवधेश कुमार सक्सेना
शिवपुरी, मध्य प्रदेश

अर्जुन ने कृष्ण से कहा -

शत्रुओं से लड़ सकें हम, कृष्ण गीता ज्ञान दो।
सत्य पथ पर चल रहे हैं, जीत का वरदान दो।

लोभ लालच और मद में, शत्रुता अपने करें।
झूठ का लेकर सहारा, पाप से जो घट भरें।

नष्ट उनको कर सकें हम, बुद्धि बल का दान दो।

धर्म पथ से हो विमुख जो, सामने हैं आ खड़े।
खास संबंधी हमारे, लड़ रहे छोटे बड़े।

आत्म रक्षा कर सकें हम, आप थोड़ा ध्यान दो।

प्रेम था भरपूर जिनसे, वो घृणा के पात्र हैं।
स्वार्थ के संबंध सारे, दण्ड भागी मात्र हैं।

शस्त्र इन पर ही चलाने, शक्ति को आह्वान दो।

आप कर दो दूर संशय, पुण्य क्या है पाप क्या।
क्या सही है क्या गलत है, काल गति की माप क्या।

युध्द अपनों से छिड़ा है, मार्ग दो सामान दो।

इंजी. अवधेश कुमार सक्सेना-
शिवपुरी, मध्य प्रदेश

नाम-	अविनाश ब्यौहार
पिता का नाम-	स्व. श्री एल. के. ब्यौहार
माता-	श्रीमती मीरा ब्यौहार
शिक्षा-	बी. एस. सी. इंगलिश स्टोनोग्राफी
सम्प्रति-	पी. ए. महाधिवक्ता कार्यालय, हाईकोर्ट जबलपुर
प्रकाशन-	एक व्यंग्य काव्य संग्रह, तीन नवगीत संग्रह दोहा दीप्त दिनेश दोहा साझा संकलन और 50 अन्य साझा संकल्न अखबार, पत्रिकाओं और ई पत्रिकाओं में रचनाओं का प्रकाशन
ईमेल-	beoharavinash28@gmail.com

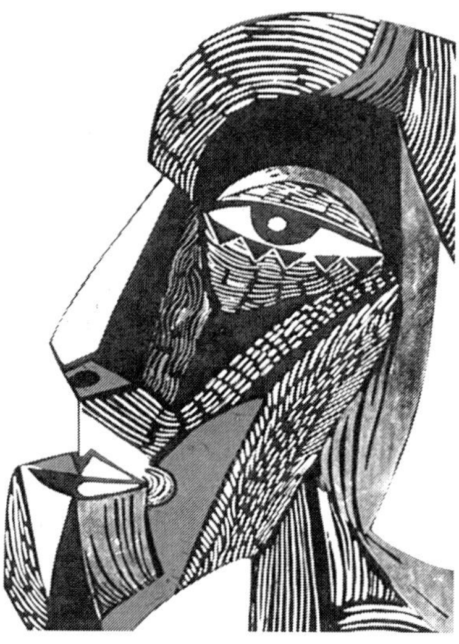

व्यंगिकाएं

आजादी की
उमर है
पचहत्तर साल!
खिचड़ी हो
गये बाल!!
लोकतंत्र नक्सलवाद
से त्रस्त है!
भ्रष्टाचार की
गाड़ी पर
सवार हुआ और
दुर्घटनाग्रस्त है!!

अविनाश ब्यौहार

क्षणिका

मुल्क रह-रह कर
चौंक रहा है।
क्योंकि
घोटालेबाज
देश की आँखों में
धूल झोंक रहा है॥

अविनाश ब्यौहार
जबलपुर मप्र

क्षणिका

प्रजातंत्र के सपने
सूखी लकड़ी
की तरह
जल रहे हैं।
चुनाव चल
रहे हैं॥

व्यंगिका

वे बोले-
मुझे समझ में
नहीं आता है
राजनीति का
समीकरण।
आए दिन होता है
सच्चाई का
चीरहरण॥
झूठ का
बोलबाला है।
रिश्वत बुराई की
खाला है॥
भारतीय राजनीति
पाखंडी हो
गई है।
भीष्म के
बदले शिखंडी
हो गई है॥

अविनाश ब्यौहार
जबलपुर म.प्र.

क्षणिका

राजनीति
विदुर के पाले
से निकलकर
शकुनि के
पाले में
आ गई है।
देश को
खा गई है॥

अविनाश ब्यौहार
जबलपुर मप्र

व्यंगिका

मैनें दहेज पीड़िता
से पूंछा-
मायका और ससुराल
में क्या अंतर है!
वो बोली-
मायका और
ससुराल में
यही फर्क है!
मायका यदि
जन्नत है तो
ससुराल नर्क है!!

अविनाश ब्यौहार

नाम : बी. एल. यादव (बाबूलाल यादव)

शैक्षणिक योग्यता : एम.ए. बी.टी.ई

व्यवसाय - सेवानिवृत्त शासकीय शिक्षक (पेन्शनर)

जन्म तिथि : 08-01-1938

अन्य रुचियां - खेलकूद, सामाजिक सेवाकार्य कवि गोष्ठी, कवि सम्मेलन में सहभागिता।

प्रकाशित काव्य संग्रह :- (अ) काव्य किसलय (ब) नव काव्य- कलिका, (स) भटका हुआ विकास (द) तमिस्रालोक की छलनायें।

पिता का नाम :- स्व. श्री महाराज सिंह यादव (ग्राम पटेल)

लेखक का वर्तमान पता: नगर-खनियाधाना, नये अस्पताल के सामने, तहसील - खनियाधाना जिला - शिवपुरी (मध्य प्रदेश)

1- सरस्वती वंदना

बी. एल. यादव

वीणावादनि मात शारदे, हमें दिव्यता-जीवन वर दो!
उभरें निर्मल भव्य- भाव मन, चिंतन में वह शुचिता भर दो।
पीड़ा अपनी समझें हम, करुणा द्रवित हृदय माँ कर दो।
सदाचार पर ये पद थिरकें, मन वाणी को ऐसे स्वर दो।
अप्रिय अवांछित असुर वृत्तियां, मम कृति से बाहर बहार दो।
धन, वैभव, पद, सुयश लालसा, ममता लिप्सा से उबार दो।
सद्- जीवन वाधक, कट् बन्धन, काट सकूं वह बुद्धिधार दो।
तुम समर्थ मेघा, प्रज्ञा माँ, निज-सुत जन-जीवन संवार दो!
जगमग हो जाये जग-जीवन, प्रखर बोध-जल से निखार दो।
वीणा वादनि मातु शारदे, हमें दिव्यता जीवन वर दो।
ऐसी झँकारों माँ बीजा मेधा के निर्भर भर जायें।
कुत्सित-भाव- भंवर से उबरें, हम शुचि सौम्य किनारा पायें।
उत्कर्षो के शिखर चूमती, उत्साही सदमृत्ति उदय हो।
अघ, अधर्म से हमे लड़ जायें, दुर्जन से हो द्वंद न भय हो।
अनाचार अन्याय असत का, बढ़ती दानवता का क्षय हो।
जय हो प्रखर ज्ञान-गंगा की, मानव प्रतिमानों की जय हो।

बी. एल. यादव

देश भक्त कौन?

दान की हर बार जाता रहा टोका!
होड़ मन्दिर माजिदों में किसलिये थे?
मनुज जन्नत के सिंहासन पर बिठाने?

अब हम हैं आजाद न इसमें भ्रान्ति चाहिये।
देश भक्त कह कर नाथ को शर्म न आती।
साध्वी हो तुम, बोगस प्रवचन मत सुनाइये।
क्या होती है देशभक्ति, ये तुम क्या जानो,
बहकाने में सम्प्रदायियों हूँ न आइये।
लोग तुम्हें साध्वी कहते हैं, ये मत भूलो,
ठाकुर में प्रजा की भी गुरुता दिखाइये।
कथन 'देशद्रोही थे गाँधी' बचकाना है।
साध्वी की महती गरिमा तो मत गिराइये।
आज देश में, प्रजातन्त्र गंगा बहती हैं
इसके पावन जल में थोड़ा सा नहाईये।
अधिनायकवादी मानस-मल धुल जायेगा,
हृदयासन पर करुण-भाव थोड़ा बिठाइये?
बलिदानी अपमान और अब सहन न होगा,
हत्यारों को और न दुःसाहस दिलाइये।
बहुत बह चुकीं रक्तिम नदियाँ, इस भारत में,
रार नहीं अब संत देश में शांति चाहिये।

बी. एल. यादव

तेरी जुतसजू

आशियाना है कहाँ तेरा यही भ्रम,
मंदिरों मस्जिदों पर पहरे लगे हैं।
स्वर्ग, जन्नत नाम पर तुझको भुनाने
चारु, चिकने से चतुर चहरे लगते हैं।
खनकते जिस जेब में हो स्वर्ण सिक्के,
क्यों तुझे वे ही अहम लगने लगे हैं।
सुदामा सी साधना विश्वास तेरा
त्याग, गिरते भाव क्यों बिकने लगे हैं?
स्वर्ण सिंहासन, मुकुट रत्नों जड़ा वो,
देवघर में अगर तेरे काम आता।
थी कहाँ जुर्रत किसी की, चुरा लेता?
कौन है वह लगा पहरे क्या जताता?
सुना था, तू व्याप्त 'कण कण में जहाँ के,
किन्तु तुझको देव घर में ही बिठाते।
रहा कब बन्धक, किसी का तू जबरिया
अक्ल क्यों कुछ लोग अपनी ही चलाते?
अनिश्चितता ने थकाया आस्था को,
और अर्थाभाव ने भी बहुत रोका।
भक्त का, खुद भी न घर था किन्तु मन्दिर-

बी. एल. यादव

श्रीमती दुर्गा रानी श्रीवास्तव

एम.ए. -समाजशास्त्र

शासकीय सरोजिनी नायडू कन्या उच्चतर माध्यमिक विद्यालय शिवाजी नगर, भोपाल से सन् 2016में सेवानिवृत्त

हिंदी एवं बुंदेली में,अनेक पत्र-पत्रिकाओं में रचनाओं का प्रकाशन

साझा संकलन, उम्मीदों के परिंदे, काव्य उपवन, अंजुरी भर अनुराग, बुंदेली रामायन, श्रीकृष्ण लीला, प्रेम की मधुर आहट।

सम्मान, प्रभात साहित्य परिषद की ओर से सरस्वती प्रभा सम्मान एवं गीतकार सविता अग्निहोत्री सम्मान, तुलसी साहित्य अकादमी की ओर से रत्नावली सम्मान एवं अन्य सम्मान।

C, 84, पेलेस ऑर्चर्ड शालीमार गार्डन के पीछे, कोलार रोड, भोपाल, मध्यप्रदेश

वंदेमातरम्

मेरे कर्मनिष्ठ वीरों को,मेरा वंदेमातरम्,
सीमा के प्रहारी, तुमको शत-शत बार नमन,
जब 22° में हड्डियाँ काँप सी जाती हैं,
दाँत बज रहे ठंड के कारण, धमनी जम सी जातीं हैं,
तब माँ की ममता भरी याद आ जाती है,
माँ के स्पर्श की गरमाहट, कुछ ऊष्मा दे जाती है,
*तन-मन मातृभूमि पर अर्पण, तुमको करें देश वंदन, सीमा के प्रहारी,

माँ ने जन्मा, पाला पोसा, और सीमा पर भेज दिया,
तुमने भी कर्तव्य मार्ग पर, अपना जीवन सौंप दिया,
जब माथे की नसें ठंड से, फटने को हो जातीं हैं,
भीगे जूते, भीगे कपड़े चमड़ी सुन्न हो जाती है
*माँ ने माथे को चूमा, ये सोच ठंड का करें शमन, सीमा के प्रहारी,

हाथ ठंड से अकड़ रहे, हौसला बढ़ता जाता है,
अकड़ा शरीर, भूखे,प्यासे भी रहना पड़ जाता है,
तब देश प्रेम के नारों से, उनमें ऊर्जा आ जाती है,
*जिस माटी में खेले, उसकी रक्षा हेतु खाई कसम, सीमा के प्रहारी,
मेरे कर्मनिष्ठ वीरों को मेरा वंदेमातरम्,
सीमा के प्रहरारी तुमको शत्-शत् बार नमन॥

दुर्गा रानी श्रीवास्तव
भोपाल

"शरद ऋतु"

शरद ऋतु आई सुहानी है,
धरा ओढ़ चूनर धानी है।

चहूँ ओर हरीतिमा छाई,
रंग महक फूलों में आई।
सरसों साग मकइ की रोटी,
उसपर घी, गुड़भेली छोटी।
बिदा हुईं बरखा रानी है, शरद ऋतु,

मौसम रंग बदलता पल-पल,
नदियाँ बहें नीर ले कल-कल,
खुशी डालियाँ हुईं झूमतीं,
फूलों को तितलियाँ चूमती,
धूप लगे अब मनभानी है, शरद ऋतु आई,

बाहर निकली गरम रजाई,
गर्म वसन की हुई रिहाई,
अदरक, तुलसी चाय बनेगी,
सब्जी, भाजी खूब मिलेगी,
सर्दी, खाँसी भी आनी है, शरद ऋतु आई,

थोड़ी सुधि उनकी भी ले लें,
कँबल, दान उन्हें भी कर लें,
फुटपाथों पर जो सोते हैं,
नहीं अभावों में भी रोते,
आया आँखों में पानी है, शरद ऋतु आई,

दुर्गा रानी श्रीवास्तव
भोपाल

"पर्यावरण बचा लो"

कुदरत के ऋण को हम कभी चुका न पाएंगे,
पर्यावरण बचा लो, वरना मारे जाएंगे,
जननी का जैसे ऋण कोई चुका नहीं पाता,
कुदरत से बड़ा दुनिया में कोई नहीं दाता,
फल, फूल, मेवे, औषधि उपहार में दिए,
धरती पे पले खेले कूदे और बड़े हुए,
उपकार का बदला कभी चुका न पाएंगे, पर्यावरण बचा लो

नदियां विषैली, आब, हवा सब ज़हर किया,
पानी बहाया हमने कोई प्यास से मरा,
अब भी समय है, संभलो पानी अमूल्य है,
मरते समय दो बूंद शुद्ध गंगा ना मिली,
लगता है इस जहान से प्यासे ही जाएंगे, पर्यावरण बचा लो

कुदरत ने अपना रौद्र रूप हमको दिखाया,
धरती को कंपाया और, सूरज को तपाया,
भवन जो आलीशान थे पत्तों से ढह गए,
राजा, फकीर, रंक एक पंक्ति में खड़े,
कुदरत जो रुठ जाए तो, मना न पाएंगे,
पर्यावरण बचा लो वरना मारे जाएंगे,

दुर्गा रानी श्रीवास्तव

भोपाल

नाम - श्रीमती हेमलता चौधरी

पति - श्री अतुल चौधरी

पिता जी-श्री रामस्वरूप श्रीवास्तव

माता जी -श्रीमती गोविंदी देवी श्रीवास्तव

मूल स्थान- कोंच(ज़िला-जालौन)उ. प्र.

योग्यता-एम.ए. हिंदी, संस्कृत,अंग्रेजी एम.एड. (शासकीय शिक्षिका)

* आकाशवाणी शिवपुरी में नैमित्तिक उद्घोषक (1996 से आजतक)

* विभिन्न सांस्कृतिक, साहित्यिक गतिविधियों में सक्रिय भागीदारी।

* विभिन्न शासकीय, अशासकीय राज्यस्तरीय एवं राष्ट्रीय कार्यक्रमों में सफल मंच संचालन

* विद्यालयीन पत्रिकाओं एवं क्षेत्रीय समाचार पत्रोंमें लेख एवं रचनायें प्रकाशित।

* अनेक कार्यक्रमों में उत्कृष्ट मंच संचालन एवं सहभागिता हेतु पुरुस्कार एवं प्रशस्ति पत्र प्राप्त।

* अखिल भारतीय शिवपुरी साहित्यिक मंच पर समय समय पर काव्य-पाठ एवं रचनाओं का प्रस्तुतिकरण।

नाम-हेमलता चौधरी

W/O श्री अतुल चौधरी

गोविंद नगर, झाँसी रोड, शिवपुरी

473551

गीत -"जब जब याद तुम्हारी आई"

जब जब याद तुम्हारी आई,तब तब आंख मेरी भर आईं।
भरी भीड़ में हुई अकेली,दिल का दर्द छुपा न पाई॥
जब जब याद.........

मन पंछी उड़ गया गगन में,पहुँचा अतीत के आंगन में।
जहाँ छुपा कर रखी थी हमने, अपनी यादों की परछाईं॥
जब जब याद ....

खाईं थीं कुछ कसमें और निभाईं थीं कुछ प्रीत की रस्में।
कानों में मधुरस घुलता था, जब बजती दूर कहीं शहनाई॥
जब जब याद...........

प्रीत पगी मधुरिम यादों से अब कटता हर कटु लम्हा है।
स्मृतियों के अमिट चिन्ह को विस्मृतियाँ भी मिटा न पाईं॥
जब जब याद.....

जिसका पहला ही अक्षर हो आधा,कैसे वह पूर्णता दे पाए
कैसा पागल था ये मन, अब ये बात समझ में आई॥
जब जब याद.......

***

-श्रीमती हेमलता चौधरी

गीत

गीत उपजा नहीं बरगदी छाँव में,
गीत को उम्र भर की थकन चाहिए।
गीत की देह को फूल गेन्दा नहीं,
सिर्फ काँटो की तीखी चुभन चाहिए॥

***

टूटता मन गया, छंद बनते गए
गीत लिखने का कोई मुहूरत नहीं।
चाहे खुशियों भरी कोई सौगात हो॥
गीत को इसकी कोई जरूरत नही।
गम की छाया में पनपा है वो तो सदा,
गीत को धूप की बस तपन चाहिए॥

***

हाथ दे देना संसार के हाथ में,
दो घड़ी तो रहो उम्र के साथ में।
चाहे मधुवन में पतझड़ ही लाना पड़े,
चाहे मरुथल में शबनम उगाना पड़े।
गुनगुनाएं जिसे हम सदा उम्र भर,
गीत को एक ऐसा सृजन चाहिए॥

***

मोर कोयल पपीहा जो बोले कभी,
मन पुराना कोई राज खोले कभी।
तो सुना देना अपने इस हमराज को।
राज ही रहने देगा ये उस राज को॥
गीत को धन या दौलत से मतलब नहीं,
बस थोड़े भरोसे का धन चाहिए॥

***

"तुम भूल न जाना प्यार मेरा"

तुम भूल न जाना प्यार मेरा, तुम से ही सजा संसार मेरा।
तुम बिंदिया मेरे माथे की, तुमसे ही है श्रृंगार मेरा॥
तुम भूल न जाना......

मेरे जीवन की बगिया के तुम कुशल चितेरे माली हो,
तुम हो सावन की प्रथम बूंद, तुम मन्द पवन मतवाली हो।
तुम प्राणेश्वर, तुम सर्वेश्वर, तुम ही राम तुम्हीं रघुवर,
तुम ही हो मेरे मनमोहन, तुम ही तो मेरे नटनागर।
मेरे जीवन के कष्टों को तुम ही तो हरण कर पाओगे,
है ये तुम से मनुहार मेरा,तुम से ही सजा संसार मेरा।
तुम बिंदिया मेरे माथे की,तुमसे ही है श्रृंगार मेरा॥
तुम भूल न जाना........

मैंने अपने इस जीवन को सौगात तुम्हारी बना लिया,
सन्तोष ओर संयम से मन की चिंताओं को मुक्त किया।
विश्वास का दामन थामे हुए, जीवन -पथ पर मैं बढ़ती हूँ,
करती हूं प्रेम-तपस्या और कई नए नए रिश्ते गढ़ती हूँ॥
उन नए नवेले रिश्तों को तो नाम तुम्हीं दे पाओगे।
है सरोकार तुम से मेरा, तुमसे ही है श्रृंगार मेरा॥
तुम भूल न जाना.....

श्रीमती हेमलता चौधरी
शिवपुरी

साहित्यिक नाम -	इंद्रसिंह अरसेला
पूरा नाम -	इंद्रसिंह अहिरवार
जन्मतिथि-	25 जुलाई 1976
शिक्षा -	एम. एस. सी / बी. एड.
पिता -	श्री रामचरण अहिरवार
माता-	श्रीमति हरकुंवर देवी अहिरवार
पत्नी -	श्रीमति अकलवती अहिरवार
पुत्र-	आदित्य राज आनंद
प्रकाशित कृतियाँ-	1. अंजुरीभर अनुराग (संवेत काव्य संकलन) नारायणी प्रकाशन शिवपुरी मध्यप्रदेश 2. अंधा चिराग़ (ग़ज़ल संग्रह) अंजुमन प्रकाशन इलाहाबाद उत्तरप्रदेश वर्ष 2021 3. सच कहूँ क्या और (ग़ज़ल संग्रह) अंजुमन प्रकाशन इलाहाबाद उत्तरप्रदेश वर्ष 2021 4. याद है ना (ग़ज़ल संग्रह)।
सम्मान -	1. राष्ट्रीय साहित्य वाटिका सृजन संस्था शिवपुरी म.प्र. द्वारा सम्मानित 2021 2. नारायणी प्रकाशन शिवपुरी म.प्र. द्वारा "साहित्य श्री " सम्मान से सम्मानित 2021 3. आधृत पब्लिकेशन हाऊस भोपाल द्वारा "उत्कृष्ट अभ्युदय लेखक सम्मान' से सम्मानित 2022
सम्पर्क पता-	ग्राम रेडी हिम्मतपुर पो. चमरौआ तह. खनियाँधाना जिला शिवपुरी म.प्र.
पिन नम्बर-	473990

गीत -1 बढ़ते देख रहा हूं

मीत तुम्हारे कांटे पग में,
चुभते देख रहा हूँ
तलवे छलनी होते फिर भी
बढ़ते देख रहा हूँ
हारा नहीं कभी तू हिम्मत
लिए होंसले फिरता
तेरी कहां जमीं पर मंजिल
थक जाता तो कहता

कैसे कह दूँ जीत गया तू
गिरते देख रहा हूँ।

अभी और आयेंगी पथ में
पैनी पैनी कीलें
होगीं आगे-पीछे तेरे
सुन्दर सुन्दर झीलें
भरमाने को खड़ी हवाऐं
तकते देख रहा हूं

दूषित मंजर, खंजर होंगें
होंगे नही सहारे
रंग की होली नही मिलेगी
इसको नजर पसारे
खूं से लथपथ हर इक राही
सनते देख रहा हूं

-इन्द्रसिंह अरसेला

गीत - 2 तनमन डोल गया

देख सुलगती आग नेह की
ये क्या बोल गया
तनमन डोल गया

स्वप्न सुहाने आते मुझको
सबसे नजर मिली
नींद न आती याद सताती
सूरत खिली-खिली
नजर डाल के इन अंखियों में
मिसरी घोल गया, तनमन...
ताक रही थी कई दिनों से
मुझको पीर खड़ी
आहे भरती रही रात भर,
तड़फत रही घड़ी!
इक अंजाना मेरे दिल की
गांठें खोल गया, तनमन...
रंग प्रेम का अंग लगाकर
मुझको भूल रहा।
सांझ ले बैरी चंदा
मेरा शूल रहा !
मन का पंछी भरे उड़ाने,
दिन अनमोल गया, तनमन...

गीत – याद नहीं है

याद नही है क्या बतलाऊँ
तुझको पता बहारों का
ढूंढ रहा हूँ मैं पतझड़
यार छुपा जो खारों का

शायद मधुव उजड़ गया हो,
या फिर बेच दिया उसने
आती थी कलरव की धुन जो
उसका मोल किया उसने
सहमी-सहमी हर डाली है।
लगता डर कुहसारों का

गीत खुशी के क्या गाऊं मैं
तनमन छाई उदासी है
ऊब गया है देख तमासा
क्या काबा क्या काशी है।

झूठ सांच का भेद न जाना
नफरत के दरवारों का...

बुनियाद हमारी पर, पग उसने
अंगद जैसा रूप लिया
नई नई परिभाषाएं गढ
देख! देश बरबाद किया
हिंसक छली क्रूर एक राजा
सरदार हुआ गद्दारों का।

इन्द्रसिंह अरसेला
खनिया घाना (शिवपुरी)

नाम-	महेश भार्गव (मधुर)
जन्म तिथि-	07.08.1962
जन्म स्थान-	ग्राम छर्च (पोहरी)
पिता-	श्री एस.एल. भार्गव
शिक्षा-	एम.ए. (भूगोल)
प्रकाशन-	अनेक पत्र पत्रिकाओं में रचनायें प्रकाशित, कई मंचों से कविता पाठ
सम्प्रत्ति-	शा. मा. वि. नोहरीकंला शिवपुरी में पदस्थ
सम्पर्क-	जिला शिवपुरी (म.प्र.)

धन्य पुण्य आत्मा

धन्य है वे माता पिता गोद में बिठाए राम।
धन्य है रघुवंशमणि धन्य-धन्य नाम है ॥1 ॥
धन्य है अवधपुरी सरयूतट धन्य भये।
धन्य है ये भारत भूमि धन्य धराधाम है ॥2 ॥
धन्य सब नर-नारी प्रजा सब,धन्य भयी।
धन्य सब चेरे सेवा करें आठों याम है ॥3 ॥
धन्य पुण्य आत्मा के हिय में बसे हैं राम।
तन में राम, मन में राम, जीवन में श्री राम है ॥4 ॥

धन्य है जनक नृप सुता जिनकी सिया भयीं।
धन्य है पिनाक धनुर्यज्ञ प्रण धन्य है ॥5 ॥
धन्य पुष्प वाटिका में जानकी के संग सखी।
पूजन गौरी माता गईं दासीं सब धन्य हैं ॥6 ॥
हिय में बिठाय राम जानकी जी धन्य भयीं।
धन्य जिनके नयन बसे लौकाभिराम हैं ॥7 ॥
धन्य पुण्य आत्मा के हिय में बसे हैं राम।
तन में राम, मन में राम, जीवन में श्री राम है ॥8 ॥

धन्य ऋषि गौतमनारि,पायके चरण रज।
पायो परम धाम धूल माथे पर लगाए के ॥9 ॥
धन्य भयो केवट जो तारणि तरणि तट।
चरण पखार हरि नाव में चढ़ाए के ॥10 ॥
जग के तारणहार को ही केवट उतारे पार।
अलख निहारें सिया बैठी-बैठी वाम हैं ॥11 ॥
धन्य पुण्य आत्मा के हिय में बसे हैं राम।
तन में राम, मन में राम जीवन में श्री राम है ॥12 ॥

धन्य मंदाकिनी के तट पे मत्यंग मुनि।
धन्य कामदनाथ, चित्रकूट वन धन्य है॥13॥
धन्य अनुसुइया ने दिव्य बस्त्र दान दिये।
पतिव्रत पावन पुनीत धर्म धन्य है॥14॥
धन्य भई राह को निहारती बुहारती जो।
शबरी की भक्ति अभिलाषा
निष्काम है॥15॥
धन्य पुण्य आत्मा के हिय में बसे हैं राम।
तन में राम, मन में राम, जीवन में श्री राम है॥16॥

धन्य है जटायु पक्षीराज जो कटाए पर।
धन्य हनुमान, सुग्रीव, को मिलाए के॥17॥
धन्य अंगद, जामवंत खोजने सिया को गये।
संपाति धन्य भये राम रस पाए के॥18॥
लांघ के उदधि बजरंगबली धन्य भये।
धन्य लघुभ्रात अरि द्वार लिखो राम है॥19॥
धन्य पुण्य आत्मा के हिय में बसे हैं राम।
तन में राम, मन में राम, जीवन में श्री राम है॥20॥

धन्य लंकापति जाने प्रभु पहिचान लिए।
रार ठान बैठौ सकल वंश के उद्धार को॥21॥
शक्ति शिव भक्ति देख राम भी ए जान गए।
फल पायो बृह्म सौं करो है तकरार को॥22॥
भीषण रण कियो दियो विजय को आशीष जाने।
प्रतिष्ठा कराई लिंगथाप पुण्य धाम है॥23॥
धन्य पुण्य आत्मा के हिय में बसे हैं राम।
तन में राम, मन में राम, जीवन में श्री राम है॥24॥

महेश भार्गव "मधुर"

तुम राथा बन बरसाने की

तुम विरदपुंज की तितली हो, मैं भी भंवरा गिर कानन का।
तुम चुन-चुन कुसुम चूमती हो, मैं लूं पराग उर उपवन का॥
***
तुम रंग-विरंगी मनमोहक, मैं पीतम्वरी कृष्ण तन का।
तुम थिरक-थिरक इठलाती हो, मैं स्वर लहरी हूं गुंजन का॥
***
तुम रूप सुहानी लगती हो, पर मैं भी तो निश्छल मन का।
तुम एक बार मेरी बन कर, मनमोहिनी रूप दिखा दोगी।
मै अमृत मधु बरसा दूंगा, संचित समग्र धन जीवन का॥
***
तुम राधा बन वरसाने की, वंशी की तान सुना देना।
मै श्याम रूप मटकी शिर धर बैचन वृज जाऊं माखन का॥

महेश भार्गव "मधुर"

डॉ मुकेश श्रीवास्तव अनुरागी
आत्मज- श्री के एन श्रीवास्तव
बी.एससी.,एम.ए. (हिन्दी), पीएच.डी. (लोकसाहित्य)
छंदधर्मी नवगीतकार
जन्म तिथि- 10-11-1966
प्रकाशित-
आस्था के गांव से (गीत कलश)
सुबह की धूप (नवगीत कुंज)
सुर बांसुरी के (कवित्त, सवैया, धनाक्षरी)
बोलेंगें अब आखर (नवगीत कुंज)
प्रकाशनाधीन-
हम समंदर हैं (ग़ज़ल गुलदस्ता)
हमारे लोकगीत- (आंचलिक भाषा के लोकगीतों का संग्रह)
प्रसारण- आकाशवाणी शिवपुरी से समय-समय पर गीतों का प्रसारण
समवेत संकलन- गीतायन, गीत अष्टक प्रथम, शब्दायन, गीत वसुधा, समकालीन गीतकोष, अंजुरी भर अनुराग, नवगीतों का लोकधर्मी सौंदर्य बोध, नवगीतों में मानवतावाद, काव्य सरिता (द्वितीय), दृष्टि-एक काव्य बेला, मंदाकिनी-एक काव्य तरंग, संवेदना, काव्य सरिता चतुर्थ गुलदस्ता ए ग़ज़ल, इसके साथ ही साक्षात्कार, हरिगंधा, उत्तरायण, साहि...

आज का नवगीत...

चिकनी कृष्ण डामरी सड़कें
चलती जिंदगी।
सिग्नलधारी चौराहों पर
बिकती जिंदगी।

कोई हाथी बेच रहा है
कोई बेचे घोड़ा।
किसी के चेहरे सजी लिपिस्टिक
लेकिन दिल में फोड़ा।
काले तन को बेबस मन से सहती जिंदगी।

कारों वाली सड़कों पर है,
चलना भी दूभर।
फुटपाथों पर सजीं दुकानें,
बिकता जीवन-भऱ।
हफ्ता देकर, हक की खातिर
लड़ती जिंदगी।

चौराहे पर, और गली में
सांडों की गुणडाई।
गाय बिचारी बेबस नतमुख
दिखती घबराई।
अपना हर अस्तित्व बचाने
बचती जिंदगी।

-डॉ. मुकेश अनुरागी

नवगीत...

अंतर्मन रोते हैं...

पितृ दिवस पर आज
पिताजी अंतर्मन रोते हैं।
बेटे केवल मन बहलाकर
खुशियाँ ही बोते हैं।

बदल गया परिवेश
खाट से डबल बेड आया
पापा की लाठी ऐनक
को फिर से बिसराया।
पर्दे पीछे कोसा, बाहर
आँख भिगोते हैं।

पानी नहीं गिलास दिया
पर जूस लाऊँ कहते।
देख रहीं हैं रस्ता आँतें
दिन भर भूखे रहते।
प्रतिदिन आशा में जगते
हैं, पर राश सोते हैं।

जिम्मेदारी वाले काँधे
हिम्मत हार रहे हैं।
पकवानों की खुशबू से ही
मन को मार रहे हैं।
सभी इन्द्रियाँ साथ छोड़ती
बेबस तन ढोते हैं।

नवगीत
मुझसे करें सवाल

मुझसे करें सवाल..
घर में आते ही
दरवाजा
मुझसे करे सवाल।
बताओ क्या है तेरा हाल।

देहरी दरकी
बंद खिड़कियाँ
दिवारें भी तनी तनी

चौखट बेबस
विलग किवारे
मुंह लटकाये धनी बनी

गुमसुम कइया
और आंगन भी
पूछें प्रश्न उछाल।
बताओ क्या है...

-डॉ. मुकेश अनुरागी

मोहन 'योगी'

जन्म- 18 फरवरी, ग्वालियर

पिता --स्व. श्री दुर्गा प्रसाद

माता--स्व. श्रीमति लक्ष्मी बाई

एकेडमिक - एम. ए. समाज शास्त्र

सम्प्रर्ति --पूर्व आडिट आफीसर म.प्र. शासन, पूर्व सी.ई.ओ. महिला बैन्क ग्वालियर

सम्मान --मैथिली गुप्त सम्मान ग्वालियर 2004, मध्य प्रदेश हिन्दी साहित्य सभा वाल्मिकी सम्मान 2016 ग्वालियर,आध्यात्मिक काव्य भूषण सम्मान मेरठ 2019, अझर आदित्य सम्मान शिवपुरी 2020 शन्कर लाल शुक्ल बुन्देली साहित्य भूषण सम्मान 2021

प्रकाशित पुस्तक -- सुरभी कविता सन्ग्रह 1997 ग्वालियर।

अपने तनयो से मै बात करना चाहता हू,

अपने विगत से मुलाकात करना चाहता हूँ।
भावना के केन्द्र मे, घुप्प अन्धियारा हुआ,
नयी पीढी से मै कुछ परिवाद करना चाहता हूँ।
इस सदी के कर्णधार, भावना से शून्य है,
इसलिये मोह का परित्याग करना चाहता हू।
दीप दीपावली के मैने देहरी पर जलाये,
त्योहार के उल्लास का मै पान करना चाहता हूँ।
जिनको गोदी मे खिलाया वो दूर तक दिखते नही,
धर्म परम्परा का तन्हा निभाना चाहता हूँ।
भागती इस जिन्दगी मे वक्त किसके पास है,
वक्त का पहिया मै, उल्टा घुमाना चाहता हूँ।
अपनी जडो की ओर लौट आओ दोस्तो,
लन्च और डिनर तुम्हारे साथ करना चाहता हूँ।
'योगी' अपनो के बिना त्यौहार भी क्या त्यौहार है,
अपनो के साथ मै दीपक जलाना चाहता हूँ।

--मोहन 'योगी'

मिलने मिलाने की भी एक तमीज होती है,

बता दो उनको कि खुद्दारी भी कोई चीज होती है।
शहन्शाहों की तरह रहते आये है हम,
हम फकीरो की भी कोई तहजीब होती है।
मसीहा टान्गा जाता रहा है हमेशा सूली पर,
उसकी किश्मत मे बस सलीब होती है।
सफर मे जिन्दगी के,कुछ भी याद नही रहता,
पर बचपन की यादें, दिल के करीब होती है।
दुनिया जिस पर आँख बन्द करके भरोसा करे,
वो शख्शीयत यारो बहुत हबीब होती है।
जाने किसने बनायी है ये तलाक की रवायत,
यारो ये रवायत बहुत अजीब होती है।
चार बेटों की माँ रहती है अगर वर्द्धाश्रम में,
'योगी' औलाद ऐसी बहुत बदनसीब होती है।

--मोहन 'योगी'

खिजा आगयी है जाने कियू बहार में

आँखें लगी हुयी हैं, तेरे इन्तजार में।
ख्वाबों में तुझसे मेरी मुलाकात क्या हुयी,
पूरा हुआ है मकसद जाकर करार मे।
मुहब्बत को जबसे तूने वक्फ कर दिया,
रहता हू मैं तबसे अपने बकार मे।
हार कर भी मैं तुझसे जीत ही गया,
सब कुछ मिल गया है मुझको हार मे।
गलीयाँ छोडकर तेरी अब जाऊँगा कहाँ,
गिरफ्तार हो गया हूँ, मै तेरे प्यार मे।
घर बैठ कर अहलिया पीने नही देती,
कितनी भी पीलो तुम, जाकर के बार मे।
गैर की मुहब्बत भी मकबूल है मुझे,
सोया हुआ हूँ मैं भी अपने मजार में।
हर इक शख्श का एहतराम तुम करो,
जाने कौन मिल जाये किस किरदार मे।
शौहरत मिले या नफरत कर्मो का खेल है,
मिलती नही है इज्जत 'योगी' बाजार मे।

--मोहन 'योगी'

नाम -	मोहम्मद नईम सिद्दीकी
जन्मतिथि -	20 जनवरी 1957
जन्म स्थान-	कोलारस
शिक्षा-	(एम.ए. एल. एल .बी)
पिता का नाम -	श्री मोहम्मद शफी सिद्दीकी
सृजन-	पत्र पत्रिकाओं में रचनाएं प्रकाशित एवं आकाशवाणी से प्रसारित।
संप्रति-	शासकीय सेवा में सेवानिवृत्त
पता-	संतफार्म, स्टेशन रोड कोलारस जिला शिवपुरी (म.प्र.)

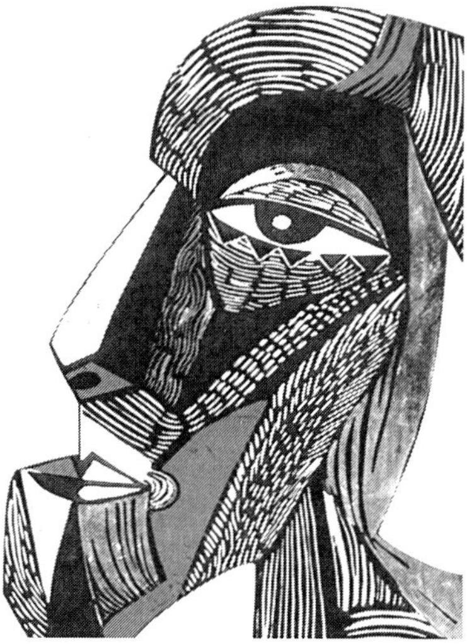

ग़ज़ल, एक

मतलब की अंधी दुनिया में
किसको कितना जाने लोग

कितना किसके साथ खड़े हैं
जाने या पहचाने लोग

रिश्ते भूलभुलैया बन गए
विसर चुकी चौपालें अब

घर आंगन तक बांट रहे हैं
रिश्तो से घबराके लोग

मर्यादा हिचकी ले ले कर रोती है दो राहे पर
घर की चौखट लग रहे हैं लिप्सा के दीवाने लोग

बड़े जतन से तिनका तिनका जोड़ बनाया था जिस घर को
बैठ सुकून में ताप रहे हैं घर को आग लगाके लोग

बात बताएं नईम पते की कान लगाकर सुन लीजेगा
चाह अगर हो मिल जाने की मिलते हैं पहचाने लोग।

मोहम्मद नईम सिद्दीकी

ग़ज़ल, दो

वक्त भी देगा कभी ऐसी सजा सोचा न था।
गैर का लेना पड़ेगा आसरा सोचा न था॥

क्या खबर थी परवरिश में यूँ कमी रह जायेगी।
खून अपना ही मुझे देगा दगा सोचा न था॥

मानता हूँ कुछ न कुछ मजबूरियां होंगी मगर।
इस कदर हो जायेगा वो बेबफा सोचा न था।

चन्द लम्हों के लिये भी दूरियाँ मोहताज थीं।
वो हमेशा के लिये होगा जुदा सोचा न था॥

हाले दिल कुछ इस तरह आ जायेगा कल सामने
खुद का साया भी अभी होगा जुदा सोचा न था।

अपनी बरबादी का किस्सा खत्म करने के लिये।
मौत का वाहिद बचेगा रास्ता सोचा न था॥

डर नहीं लगता है मुझको, मौत से हरगिज नईम।
बे रहम होगा यूँ उसका फैसला सोचा न था॥

मोहम्मद नईम सिद्दीकी

ग़ज़ल, तीन

कैसे समझाऊँ तुझे मैं तू अभी नादान है।
तू न समझेगा सियासत क्यों कि तू इंसान है॥

तूने बेचा है कभी क्या जज्बे इंसान को !
आदमी क्या चीज़ है वो बेचता भगवान है॥

कल जहाँ बसती थी खुशियां कैसे मातम हो वहाँ।
पहला पहला ये सबक इनका यही ईमान है।

दिल में झूठा दर्द लेकर आंख से घड़ियाली आंसू।
बेतहाशा जो बहाये वो सियासत दान है।

कल फरिश्तों ने कहा था मत करो पैदा उसे।
वाकई सच ही कहा था सोचता भगवान है॥

अब भी मौका है बदल डालो नहीं पछताओगे।
वक्त कल खुद ही बदल देगा बड़ा शैतान है॥

आह मजलूमों की मत लो जलजला जाएगा।
काश समझा दे कोई रब का यही फरमान है॥

सीख लेना है जरूरी आदमीयत का चलन।
आदमी की आदमीयत ही तो बस पहचान है॥

चोट पर डंके की कहता है नईम इस बात को।
नर में नारायण को ढूँढे बस वही इंसान है॥

नाम- नारायण श्रीवास्तव

माँ- स्व श्रीमती हरी भाई

पिता- स्व श्री दशरथ प्रसाद श्रीवास्तव

जन्म- ०१ अगस्त १९५२

जन्म स्थान - कनवास जिला - नरसिंहपुर (म प्र)

शिक्षा - एम ए अर्थशास्त्र

संप्रति - सेवा निवृत्त उप मंडल अधिकारी भारत संचार निगम लिमिटेड करेली, जिला - नरसिंहपुर।

उपलब्धियाँ - आकाशवाणी छतरपुर, भोपाल, जबलपुर एवं दूरदर्शन भोपाल से काव्य पाठ। देश की विभिन्न पत्र पत्रिकाओं में अनवरत स्फुट प्रकाशन। देश की विभिन्न साहित्यिक, सामाजिक एवं सांस्कृतिक संस्थाओं द्वारा सम्मानित।

प्रकाशित काव्य संग्रह -

१, जिज्ञासा शेष नहीं - १९९३.

२, कविताएं तुम्हारी जरूरत है - १९९४.

३, सब कुछ है कविता - २००१.

४, कविता की सरलतम इबारत - २०१०

५, कविता की चार पंक्तियों से - २०२०

गीत नहीं गाये..

भीगी आँखों ने देखा है मर्म सुहाने पाये
शब्द बुने हैं मैंने लेकिन गीत नहीं गाये

शब्द उठाये नदी रेत से
वृक्ष मेढ़ औ भरे खेत से
ऋतुओं की पंखुरियाँ सारी
पीत कुसुंभी लाल श्वेत से.

पाँव-पाँव उठते जीवन के चित्र खींच लाये

राजनीति में पली जिंदगी
करती जनता नित्य वंदगी
काजल की कोठी में काले
जेबों में सब भरे गंदगी

ज्यौं के त्यौं हैं बात-बतोले किये उजागर छाये

परिवारों की वही कहानी
दादा दादी नाना नानी
भैया अम्मा और पिताजी
बंधे हुए हैं सिर्फ जुवानी

घर आँगन से नये ढंग के अक्षर जो लाये

नारायण श्रीवास्तव

झर-झर सावन के...

स्वागत दिन बसकारे के हैं झर-झर सावन के
पर्वों के उत्साह अपरिमित तन मन भावन के

सबकी बेटी सबके आँगन
ससुरालों की कथा पुराणन
रोज शाम की चाट दुकानें
फुलकी पानी दही चटाकन

भोग लगें नित छप्पन माखन स्वाद सुहावन के

राधा कृष्ण झूलते झूले
सभी गोपियों के उर फूले
वनमाला पीताम्बर धारी
वंशी की धुन सुध बुध भूले

आँगन-आँगन रास रचे वृंदावन भावन के

सावन क्षण त्यौहारी पानी
बरसाने की राधा रानी
प्रियतम बसते दूर विदेशों
श्रावण में मिलने की ठानी

रिमझिम वर्षा मन पुलकाती पल-पल आवन के

नारायण श्रीवास्तव

वागर्थ लाता..

तूलिका का हो कभी संसार से असमर्थ नाता
भाव उतरे शब्द पहने दिवस ही क्यों व्यर्थ जाता

चित्र जितने दृष्टिगत हैं
व्योम उर से अवतरित हैं
घुल गये हैं रंग कितने
सूर्य की किरणें त्वरित हैं

वायु सागर को हिलोरे जतन गहरे अर्थ गाता

सज गयी चित्रावली है
नेह की पुलकावली है
रंग धरती ने लुटाये
खिल गयी पुष्पावली है

इंद्रधनुषी सुमन अर्पित देखिये सामर्थ पाता

और कितने निकट अपने
नीर भर कर सुघट अपने
नर्मदा कल कल सुहाती
तीर्थ से हर सुतट अपने

पहुँच सुर सरि के मुँहाने दिव्य वह वागर्थ लाता

नारायण श्रीवास्तव

नाम-	प्रकाश चंद सेठ
माता जी -	कीर्तिशेष श्रीमती मुन्नी देवी सेठ
पिताजी -	कीर्तिशेष श्री रामकुमार जी सेठ
अर्धांगिनी -	श्रीमती सीमा सेठ
चिरंजीव-	देव कुमार सेठ, वेद कुमार सेठ
स्वयं -	प्रकाश चन्द्र सेठ
जन्म-	09/05/1972
काव्य शैली-	स्वाध्यायी
काव्य स्वर-	राजयोग
पहली कृति-	सूक्ष्म और विस्तार, वायु तत्व की प्रधानता
दूसरी कृति-	जीव और जीवन, जल तत्व की प्रधानता
वास स्थान-	ग्राम व पोस्ट बामौर डामरोन वाया मनपुरा जिला शिवपुरी म, प्र, 473670

ढाक के तीन पात

जहाँ कोई न किसी की सुनता सभी बोल रहे थे।
देखो वो स्वानों की तरह, आपस मे चिथे जा रहे थे।
कई धर्म निरपेक्षता का व्याख्यान ठोके जा रहे थे।
कई साम्प्रदायिकता को रह रह कर कोसे जा रहे थे॥
जिनका स्वांग देखकर शर्म भी शर्मा जाये
कर्तव्यों की तरफ से हर कोई बौराता जाये॥
फिर भी स्वयं को लाजदाय कह रहे थे।
सब अपने को गुदड़ी का लाल कह रहे थे।
एक मुददे पर सभी में सामन्जस्य बेमिशाला था।
धन सुविधाओं का जब भी बिल आता था॥
उसका अभिनन्दन सभी एक स्वर में करते थे।
गिरगिट से भी जल्द अधोगामी रंग बदलते थे॥
कुछ देर पहले जो एक दूसरे को फूटी आंख न सुहाते थे।
अपने-अपने आख्यानो पर हर दम जो खड़े हो जाते थे।
एकता देखने लायक होती थी, आगे बढ़ने की बातें होती थी।
बिल पास होते ही सभी फिर पुराने कामों पर लौट आते थे॥
फिर बिना नाथ के साडों की तरह आपस में भिड़ जाते थे।
आगे बढ़ने के सद्भाव के सभी मार्ग फिर मिट जाते थे।
अधर्म का आधार कच्चे घड़े की तरह स्वतः टूट जाते है।
ढाक के तीन पात साम्प्रदायिक, धर्मनिरपेक्ष, खामोश हो जाते थे॥

प्रकाश चन्द सेठ

हलचल

कहते है हवा मिली है प्यारे गुलामों से बदतर जिंदगी है।
एक जन आंदोलन करके देख लो फिर इनके सितम ये जुल्म देख लो।
वर्तमान को इतिहास बना देंगे उन सैकड़ों सालों के गुलामी के दौर को
अमानवीयता का नया रिकार्ड बना देगे, उत्पीडन के इस दौर को
किसकी आस में बैठे हो उम्मीद से दामन खीच बैठे हो।
चन्द कदम बढ़ा कर तू आगे तो चल फिर स्वयं देख ले हलचल।
स्वतंत्रता की लड़ाई लड़ी थी जो सैनानीयों ने समानता के लिये।
अब जिधर देखों समानता खो गई है, स्वतंत्रता चंद लोगो की चैरी हो गयी है।
आज यह स्थिति बन गई है, सौ करोड़ पर सौ घर की सत्ता हो गयी है।
चन्द कदम बढा कर तू आगे तो चल, फिर स्वयं देख ले हलचल।
परतंत्रता के उस दौर में न था, सैकडो साल बाद भी इतना जन आक्रोश।
स्वतंत्रता का अंकुरित बीज अंकुरत होते ही मुरझाने सा लगा है।
मानव मानव से टकराने लगा है, गणतंत्र पर तंत्र बोराने लगा है।
यह स्थिति राष्ट्र व नागरिको के लिऐ न अच्छी है, पर बात तो सच्ची है।
किसकी आस में बैठे हो उम्मीद से दामन खींच बैठे हो।
चन्द कदम बढा कर तू आगे तो चल, फिर स्वयं देख ले हलचल।
आओ एक और लडाई सब हिल-मिल कर समानता के लिए अमल होकर लड़ो।
स्वतंत्रता सैनानियों के चरणों में कुछ जीवन सुमन अर्पित कर लो।
भूत से प्रेरणा लेकर जो वर्तमान में संतुलन बनाते है।
भविष्य में एक मात्र वही पहचाने जाते है, शेष भूत बन जाते है।
किसकी आस में बैठे हो उम्मीद से दामन खीच बैठे हो।
चन्द कदम बढ़ा कर तू आगे तो चल फिर स्वयं देख ले हलचल।

"कलम और तलवार"

कलम ने कहा तलवार से सुन मेरे भाई।
तेरा स्तर तो मुझसे बहुत बढ़ गया है भाई॥
मैं जहाँ थी नहीं रही तू मुझसे आगे बढ़ गया है।
आखिर राज क्या है शस्त्र शब्द पर भी भारी पड़ गया है॥
मैं संरक्षित करती हूँ तू संहार करता है।
मैं आत्मनिर्भर करती हूँ तू वीरान करता है।
फिर भी तेरा स्तर तो मुझसे बहुत बढ़ गया है भाई।
मैं जहाँ थी वही रही तू मुहासे आगे बढ़ गया है भाई॥
तलवार ने कहा मुझे मसका न लगा बहिन।
मैंने तो हरदम तुझ से मात खाई है बहिन॥
मगर ये बात आज समझ में न आई है।
शब्द में आज भी शस्त्र से ज्यादा ताकत समाई है॥
बढ़ा नहीं हूँ बहिन मैं तो जहाँ था वहीं हूँ।
मैं मैं बड़ी मुश्किल से अपने आप को संभाले हुऐ हूँ॥
सच कहूँ तो तेरा चरित्र गिर गया है।
तू बिक गई है तेरा स्तर गिर गया है॥
परन्तु शब्द की यह ताकत तूने न पहचान पाई है।
शब्द ने शस्त्र को हर दम धूल चटाई है॥
मैं बढ़ा नहीं हूँ मैं तो जहाँ था वहीं हूँ।
मैं बड़ी मुश्किल से अपने आप को सम्भाले हुए हूँ॥

प्रकाश चन्द सेठ

नाम:	रमेश चंद्र वाजपेयी "मधुर"
पिता:	कीर्तिशेष श्री प्रभु दयाल वाजपेयी
माता:	कीर्तिशेष श्रीमती शिवरानी देवी
जन्मतिथि:	12 मार्च 1953 ग्राम चौका
संप्रति:	सेवानिवृत्त शिक्षक (म. प्र.) प्रगतिशील लेखक संघ, जिला सचिव, शिवपुरी
शिक्षा:	स्नातकोत्तर (हिंदी, साहित्य)
सृजन:	कविता, कहानी, लेख विभिन्न पत्र पत्रिकाओं में प्रकाशित, कहानी "फन्दा" प्रगतिशील लेखक संघ द्वारा पुरस्कृत
प्रकाशन:	"मधुर सुमन एवम "श्याम किसका" काव्य संग्रह प्रकाशित है
पता:	तहसील, करैरा, जिला शिवपुरी (म.प्र.) मुंशी प्रेमचन्द्र कॉलोनी वार्ड नं 13 (सीता सेंट्रल कॉन्वेंट स्कूल करैरा)

मौत के बहाने

बाल हो या हो प्रोढ,
जिसे तू
न सुलाये।
राजा हो
या होवे रंक,
पुरुष हो
या होवे नारी,
सबको अपनी
आगोश में अपनाए।
चक्रवर्ती रावण
जिसने काल
को अपनी पाटी से बांधा।
सौ सौ रण बांकुरे हुये,
पर एक न बचा
किसी ने रावण
को न दिया कांधा।
कभी किसी
दुर्घटना में,
कभी किसी को
पानी में डुबोया।
कभी किसी को
बीमारी से,
तो कभी किसी को
हार्ट अटैक आया।
कभी किसी को
कुत्ता की मौत,
तो कभी कोई
देश की
खातिर शहीद होत।
अल्प आयु में
सुत को जाते देख,
माता दहाड़ दहाड़ कर रोवे।
कोई कोई
खुशी खुशी में,
पूरी उम्र सौ के
पार होवे।
मौत तू
बड़ी बेदर्दी
कोरोना काल में
होरा से बिनवाए।
न जात देखी,
न उम्र देखी,
सुहागन का सुहाग छीना
पिता की लाठी छिनवाये।
मौत तेरे
कई बहाने
न जाने किस किस बहाने से
अपने पास बुलाये

रमेश चन्द्र वाजपेई मधुर

हिन्दुस्तानी जोश

ये मत कहो
न हिंदू मारा
न मुसलमान मरा
ये कह कर
क्या नफरत
रोक पाओगे।
कट्टरता के
जहरीले विषेले
नाग को न कुचला
तो राहत न पाओगे।
इन्हे समझाओ
कि धर्म सर्वोपरि नही
इंशानियत,
मानवता,
सौहाद्र ही सही है।
खाली पेट
के लिए
धर्म की नही,
कर्म की जरूरत होती है।
कट्टरता तो
हमेशा नफरत
बोती है।
अब जमाना
बदल गया है,
मुगलों की
पुनरावृति
न होने पाएगी।
कट्टरता की

प्रवृत्ति ईट नही
पत्थर पाएगी।
कुछ लोग
प्रेम की भाषा
न समझे
तो जिस भाषा में
समझे तो उस
भाषा में समझाओगे।
इन्हे समझाओ
मंदिर मस्जिद
आस्था के केंद्र है
इन्हे रणभूमि
न बनाओ।
अभी संभल
जाओ,
नही तो काली
घटा के बादल,
शोक में बदल जायेंगे।
जब सिर के,
ऊपर पानी
निकल गया तो,
इस हिंदुस्तानी जोश से
कभी न बच पाओगे।

रमेश चंद्र बाजपेई

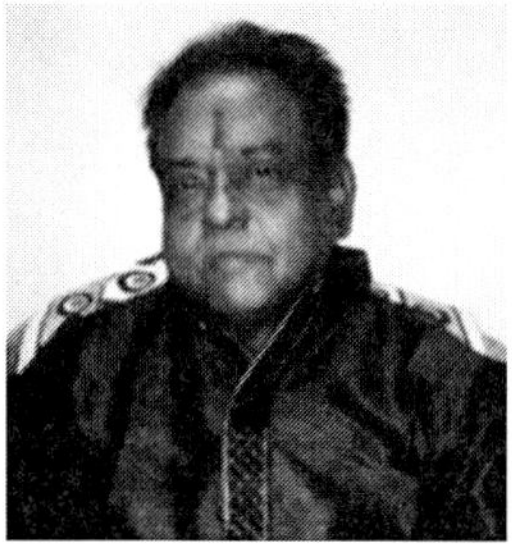

साहित्यिक नाम- राम पंडित

वास्तविक नाम- राम बाबू शर्मा

जन्म तिथि- 01 जून, 1958

पिता- स्व. श्री एच. आर. शर्मा

शिक्षा- एम. कॉम, एल.एल. बी.

प्रकाशन-

- 1975 से 1982 तक स्थानीय समाचार पत्र नवयुग के प्रबन्ध सम्पादक
- विभिन्न पत्र-पत्रिकाओं में रचनाओं का प्रकाशन
- अनेक कवि सम्मेलनों में काव्य पाठ हास्य व्यंग के कवि के रूप में स्थापित
- काव्य संग्रह प्रकाशन की प्रतीक्षा में

सम्प्रति- मध्यांचल ग्रामीण बैंक में बरिष्ठ प्रबंधक (MM 3) के पद से सेवानिवृत्त स्वतंत्र लेखक।

सम्पर्क- बैंक कॉलोनी शिवपुरी (म.प्र.)

ग़ज़ल

जब से मेरा चैन से खाना कमाना हो गया
देखते ही देखते बैरी ज़माना हो गया।

मेरे अपने लोग सब मुंह फेरते देखे गये
जब रईसों का मेरे घर आना-जाना हो गया।

काम आये आप मेरे, बात ये अच्छी लगी
बस करो अब, रात-दिन का हक़ जताना हो गया।

घर की इज्ज़त आज सोशल मीडिया पर लुट गई
आबरू नीलाम कर फोटो खिंचाना हो गया।

जिस दुकां के पास अपनी गुलबदन रहने लगी
उस दुकां पर आए दिन अपना ठिकाना हो गया

झूठ, धोखा, मतलबीपन आ गया फ़ितरत में अब
आजकल ये रोज का रोना-रुलाना हो गया।

बढ़ रहीं दुश्वारियाँ, जीवन जियें कैसे भला?
पेट भरना, कितना मुश्किल घर चलाना हो गया।

राम पंडित

प्रारब्ध

कहते हैं
रिश्ते हम नहीं बनाते
इन्हें तो भगवान बनाता है
ऐसा सब देखकर
हमारी मोटी बुद्धि में तो, बस
यही समझ आता है
प्रभु !!
पिछले जनम के
कट्टर दुश्मनों को
इस जनम में, या तो
सास-बहू
या फिर पति-पत्नि बनाता है।

राम पंडित

मोबाइल उपयोग

नाते रिश्ते खा गया, मोबाइल सब यार।
खोये जा रहे सभ्यता कोई करो विचार।
कोई करो विचार समझ में कुछ नहीं आता !
पूरी तरह अधीन मनुज कुछ कर नहीं पाता।
कह पंडित-चेताय कुचक्र में फंसते जाते।
निकलो इससे दूर सहेजो रिश्ते नाते।

राम पंडित

2

वाहन-चालन में करें मोबाइल उपयोग।
प्रचलन में हम देखते बड़ा मानसिक रोग।
बड़ा मानसिक रोग जरा सा ध्यान हट गया।
हो जाता अपराध कोई निरदोष कट गया।
बने नियम कानून करुं सबसे आवाहन।
मत करना उपयोग चलाओ जब जब वाहन।

राम पंडित

नाम - राकेश भटनागर भ्रमर

पता LIG सेकंड /112 रामकृष्ण पुरम साइंस कॉलेज के सामने शिवपुरी मध्य प्रदेश

शैक्षणिक योग्यता- MAअर्थशास्त्र MAराजनीति शास्त्र,MA अंग्रेजी साहित्य,B.Ed

साहित्यिक उपलब्धि-

1- आकाशवाणी में लगभग 30 वर्ष तक आकस्मिक उद्घोषक के रूप में कार्य

दिल्ली टाइम्स प्रकाशन लिमिटेडकी पत्रिकाओं में लेखन का 30 वर्ष का अनुभव

अखिल भारतीय शिवपुरी साहित्यिक मंच के उपाध्यक्ष के रूप में लगभग 2 वर्ष से साहित्यिक सेवा

लगभग 60 फेसबुक समूह पर एकल काव्य पाठ।

साधना टीवी चैनल पर काव्य पाठ का प्रसारण।

विधा -हास्य हास्य व्यंग,बजभाषा लोकगीत, श्रृंगार गीत इत्यादि।

शीर्षक - वचपन को निमंत्रण

प्यारे बचपन फिर से लौट के आ जाओ।
सपनों के झूलों में लोरी राग सुना जाओ।
बैठ बैठ झूलों पर, नील गगन को छूते थे।
लेकर जोर-जोर से झोंके, ऊपर नीचे होते थे॥
प्यारे बचपन फिर ------------

वागों में कोयल की तान, दिल को बहुत लुभाती थी।
पपिया की पीहू पीहू, स्वाति याद दिलाती थी॥
बैलों के गले में घुंघरू, मेहनत का राग सुनाते थे।
मंदिर में बजते घंटे, मोक्ष की राह बताते थे॥
प्यारे बचपन----------

सुन रेंहट की आवाजें, काम जोश बढ़ जाता था।
खेतों में मंगल गीतों का, संगीत बहुत भाता था।
चूल्हे की रोटी में, अनुपम स्वाद बरसता था।
थाली में परोसा भोजन, प्रभु प्रसाद सा लगता था॥
प्यारे बचपन------------

प्यारे बचपन फिर से, भोलापन लौटा दो।
हट जाए मैल घृणा का, प्रेम सरोवर महका दो॥
झूठी शान की जंजीरों से, हमें मुक्त करा दो।
हर मन में मने दिवाली, ज्ञान का दीप जला दो॥
प्यारे बचपन-------------

राकेश कुमार भटनागर भ्रमर

शीर्षक-हिंद का गौरव पृथ्वीराज चौहान

जन जन के मन में बसता बेटा हिंदुस्तान का।
रहेगा नाम अमर, पृथ्वीराज चौहान का॥
सोमेश्वर के आशीषों ने, वीर रक्त संचार किया।
अल्पायु में पृथ्वी ने, जबड़ा शेर का फाड़ दिया॥
जन्म लिया पाटन में, मरुभूमि पाकर धन्य हुई।
अनुपम अलौकिक प्रतिभा से, मां कर्पूरी प्रसन्न हुई॥
जन जन के मन में-------------

अल्पायु में अजयमेरू के, सिंहासन पर धाक जमाई।
चलने ना दी गद्दारों की, विजय पताका फहरायी॥
पृथ्वी के आभामंडल ने,संयोगिता का दिल जीत लिया।
बनी अजय मेरु की रानी, पति का गौरव गान किया॥
जन जन के मन में ------------

पायी मित्रता चंद की, दोनों की जोड़ी बनी मिसाल।
पौरुष और ज्ञान की, जलने लगी मशाल॥
पग पग पर चंद ने, पृथ्वी की जान बचाई।
पापियों के षडयंत्रों में, जमकर सेंध लगाई॥
जन-जन के मन में----------

हिंद पर कब्जे की योजना, गौरी की बेकार हुई।
हारा 17 बार रण में, पृथ्वी की जय जय कार हुई॥
घृणा की ज्वाला में जलकर, जयचंद गौरी का भागीदार हुआ।
धोखे से पकड़ा पृथ्वी को, शेर असहाय मजबूर हुआ॥
जन-जन के मन में ---------------

सुन पराजय स्वामी की, संयोगिता ने अग्नि को वरण किया।
कर बलिदान अपना जीवन, क्षत्राणी धर्म निभा दिया॥
गौरी के बंधन में पृथ्वी ने, घोर यातना पाई।
जकड़ा शरीर जंजीरों में, आंखों की ज्योति गंवाई॥
जन-जन के मन में---------------

अंत समय में चंद के दोहों ने, चमत्कार किया।
नेत्रहीन पृथ्वी ने गौरी को, शब्द बाण से मार दिया॥
मातृभूमि पर कुर्बानी, जग में अमर रहेगी।
पृथ्वी और चंद्र की गाथा, सदियों तक याद रहेगी॥
जन-जन के मन में------------

राम जन्म भूमि शिलान्यास अवसर पर लिखी गई रचना

नाम :- राकेश कुमार मिश्रा "रंजन"

पिताजी का नाम :- श्री बाबूलाल जी मिश्रा

जन्मतिथि :- 07 अगस्त 1966

शिक्षा :-- M. A. (English)M. Com.

प्रकाशन :-- बिभिन्न पत्र पत्रिकाओं में प्रकाशन

समप्रति :--- अध्यापन कार्य

सम्पर्क :-- सर्वोदय नगर, शिक्षक कॉलोनी
छत्रीरोड़ शिवपुरी (म. प्र.)

हिन्दी दिवस

हिन्दी की गौरव गाथा का,
आओ मिल गुण गान करें l
हिन्दी बने राष्ट्र की भाषा,
हम सब मिल आवाहन करें ॥

श्रेष्ठ ग्रंथ की आशा होकर,
गौरवशाली भाषा है l
भारत का उत्थान कराने,
सुन्दर सी परिभाषा है ॥

तुलसी सूर जायसी मीरा,
शंकर और निराला ने l
प्रेम रविन्द्र अरु रामचंद्र को,
ज्ञान दिया जिस भाषा ने ॥

इतनी अनुपम दिव्य सरल सी,
हिन्दी भारत भाषा है ॥
हिन्दी बने राष्ट्रीय भाषा,
बस इतनी अभिलाषा है ॥

हिन्दी की गौरव गाथा का,
आओ मिल गुण गान करें l
हिन्दी बने राष्ट्र की भाषा,
हम सब मिल आवाहन करें ॥

राकेश मिश्रा "रंजन"
शिवपुरी

तिरंगा

आज तिरंगे का भारत में,यहाँ है घर घर पर सम्मान,
हमारा प्यारा हिंदुस्तान, हमारा भारत देश महान ll

बन्दे मातरम.........बन्देमातरम......... बंदेमातरम

गौरव है उन सब वीरों पर,हुए हैं जो इस पर कुर्बान,
हमारा प्यारा हिंदुस्तान,हमारा भारत देश महान ll बन्दे..

जाति पांति की तोड़ दीवारें, सभी मिल करते हैं सम्मान,
हमारा प्यारा हिंदुस्तान, हमारा भारत देश महान ll बन्दे..

बाल बृद्ध अरु सब नर नारी, इसी पर होते जो कुर्बान,
हमारा प्यारा हिंदुस्तान, हमारा भारत देश महान ll बन्दे..

अर्पित करते तन मन धन सब,यहाँ बस रहे तिरंगा शान,
हमारा प्यारा हिंदुस्तान, हमारा भारत देश महान ll बन्दे..

आजादी के परवाने भी, रहे हैं देते इस पर जान,
हमारा प्यारा हिंदुस्तान, हमारा भारत देश महान ll बन्दे.

आज तिरंगे का भारत में,यहाँ है घर घर में सम्मान,
हमारा प्यारा हिंदुस्तान, हमारा भारत देश महान ll बन्दे..

राकेश कुमार मिश्रा "रंजन"
शिवपुरी

मुक्तक

उनकी वीर सहादत से ही, अपना भारत जिन्दा है,
किन्तु कुछ नेताओं के कारण आज यहाँ शर्मिंदा है l
कुछ भी कह देने में उनको बिलकुल लाज नहीं आती,
राष्ट्र प्रेम तज देते हैं, जो काम बहुत ही गंदा है ll

भारत का जल अन्न पान कर बन्दे मातरम कह न पाए,
जनहित के कानून बनाने पर भी बे चुप रह न पाए l
जाति छुपा कर राज किया भारत माँ से की गद्दारी,
कुर्ते पर बो डाल जनेऊ दिखा रहे दुनियाँ दारी ll

भारत अब आजाद हो गया तेरी इन जंजीरों से,
रोक सको तो रोक लो हमको तुम अपनी समसीरों से l
गया बक्त न आएगा अब जनता के परवान से,
माँग सको तो मांग लो उसको आज यहाँ भगवान से ll

जन मन की आबाज तुम्हारी, अब तक समझ नहीं आई,
क्षति कर चुके भारत माँ को, कैसे होगी भरपाई,
घपलों घोटालों का तुमने बो इतिहास बना डाला,
जाति पांति अरु भेदभाव की, बना रखी गहरी खाई ll

राकेश मिश्रा "रंजन"
शिवपुरी

नाम:	राजकुमार चौहान"भारतीय"
जन्मतिथि:	०१दिसंबर १९७१
जन्मस्थान:	आगरा उ.प्र.
पिता:	श्री देवी सिंह चौहान
माता का नाम:	श्रीमती शिवदेवी
सहधर्मिणी(पत्नी) का नाम:	श्रीमती संतोषी चौहान
शिक्षा :	एम. ए. (हिन्दी साहित्य, संस्कृत साहित्य),बी. टी. सी.
सृजन विधाएँ:	हास्य व्यंग्य (गद्य,पद्य), कविता, गीत, कहानी, लघुकथा, प्रहसन, यात्रावृत्तांत, vनाटक आदि।
प्राप्त सम्मान:	युग सृजन शिल्पी 1990 (शांति कुँज हरिद्वार से),साहित्य साधक 1999(महाराणा प्रताप प्रकाशन से) साहित्य शिरोमणि 2021(नारायणी प्रकाशन से),साहित्यदीप सम्मान 2021(काव्य सरिता समूह से)
सम्बद्धता:	म.प्र.लेखक संघ,शिवपुरी के सहसचिव, बज्मे उर्दू के सक्रिय सदस्य, अखिल विश्व गायत्री परिवार के माध्यम से समाज सेवा। कवि सम्मेलनों एवं काव्य गोष्ठियों में सक्रिय सहभागिता।
सम्प्रति:-	शासकीय शिक्षक
सम्पर्क:-	महाराणा प्रताप कालोनी, शिवपुरी मप्र

ग़ज़ल

कर के आँखें सजल
दिल गया है मचल 1

नैन तिरछे हुए
हो गयी बस ग़ज़ल 2

देख उसकी अदा
मन गया है फिसल 3

चूक मौका गए
रह गए हाथ मल 4

ले हथेली पे जां
हैं खड़े सैन्य बल 5

मुक्तक

ये कैसा शोर है,
किसके कर डोर है।
डगमगाता है रथ,
काली क्यूँ भोर है।1

उपमानछंद आधारित मुक्तक

कर वो लम्बे हाथ ये, सबसे कहता है।
चढ़ता जब भी मंच पर, बस वो रटता है।
पर पाकर गिरगिट बना ऐसा बदला वो,
करे स्वयं का ही भला, कहता सबका है॥2

(दोहाछंद आधारित)

थाल पड़ौसी देखकर, आए नेक विचार।
घी कम मेरे थाल में,कैसे होय सुधार॥
इसी भाव के त्रास से, नित्य दूबरे होत।
बार बार मैं झेलता,जग से यही दुलार॥3

***

माखन खावें लाड़लो,गोपिन कूँ तरसाय।
ग्वाल बाल सब संग लै,बहु विधि रास रचाय॥
ग्वाल बाल अरु गोपियाँ, सुख लूटें चहुँ ओर।
'राज' बावरौ यों कहें, मन मेरों हरषाय॥4

राज कुमार चौहान

***

चना चिरौंजी भोग में,मन्नत माँगें लोग।
स्वर्ण खजाना चाहिए,मन में कैसा रोग॥
धनिक पुरुष है ढोक में, माँगे सुंदर लाल।
बीबी लायी थाल में, घुने नाज का भोग॥5

राज कुमार चौहान

***

एक.. दोहागीतिका...

नेताजी हैं आजकल,गुंडन के सरताज।
जनता निरीह टीटरी, नेताजी हैं बाज॥

चरण वंदना खूब कर,झूठ बजाए गाल।
पहनी माला विजय श्री,बदल गये अब साज॥

अनपढ़ वेशक लाड़ला, सबको दे सत्कार।
पढ़ेलिखे मक्कार से,अनपढ़ पर ही नाज॥

सम्मुख चरनन ढोक दें,पीछे दें षड़यंत्र।
इन कर्मों को छोड़ तू,आजा प्यारे बाज॥

राज कुमार चौहान

नाम :	राम कृष्ण मौर्य मयंक
जन्मतिथि :	17 सितम्बर 1953
जन्म स्थान -	शिवपुरी
पिता का नाम -	स्व श्री नत्थूराम मौर्य
माता का नाम -	स्व काशीबाई
शिक्षा -	स्नातक (इतिहास)
प्रकाशन -	विभिन्न समाचार पत्रों-पत्रिकाओं में प्रकाशन
सृजन -	गजल
संप्रति -	सेवा निवृत् प्राचार्य
सम्पर्क -	कोठी न. 31 के पास विद्यापीठ रोड फतेहपुर शिवपुरी (मध्य प्रदेश)

गजल एक

पिला मुझे तू साकिया नशा मुझे हुआ नहीं
मुझे अभी तो होश है क्या तुझे पता नही

कदम तो लड़खड़ाने दे तू पास अपने आने दे
ये रात भी ढली नहीं अभी तो कुछ कहा नहीं।

तू दौरे जाम चलने दे सुरूर और बढने दे
तू सारी रात जगने दे अभी से तू सुला नहीं।

करीब आ मिरे जरा न रूठकर के दूर जा
खफा खफा सा लग रहा गले से तू लगा नहीं।

सुनूंगा मैं आज रात भर सुना मुझे तू दास्ता
सुना अभी सुनूँगा मैं न कहना फिर सुना नहीं।

अभी तो रात बाकी है अभी तो बात बाकी है
मैं पी चुका अभी बहुत तू और अब पिला नहीं।

ये बात तो गलत कभी खफा हुआ मैं आप से
समझ रहा है तू गलत मुझे कोई गिला नहीं।

गजल दो

वो जख्मों पे नमक मेरे लगा देता है।
खता कुछ भी नहीं फिर भी सजा देता है।

जलाया था चरागों को बड़ी मुश्किल से
वो दीपों को हवा देके बुझा देता है

हरे हैं जख्म जो पहले दिये थे उसने
नया वो जखम फिर से और लगा देता है

नहीं मैं चैन से पल भर कभी सो पाता
सदा देके ख्वाबों में जगा देता है।

निभाता ही रहा हूँ फर्ज मैं तो अपना
मगर वो शख्स हरपल ही दगा देता है।

सताया है मुझे इतना कसम से उसने
मगर फिर भी ये दिल उसको दुआ देता है।

गजल तीन

रेत में चलते हुए पैरों में छाले हो गये।
किस तरह सूरज ये चमका जिस्म काले हो गए।

आपको देखा है तबसे याद अब कुछ भी नहीं
साथ दिल के हम सनम तेरे हवाले हो गये।

कल तो कहते थे मिटा देंगे भ्रष्टाचार हम
राज उनका जो हुआ तो कई घोटाले हो गए

भुखमरी तो देखिये चारों तरफ ही बढ़ गई
मुफलिसों से दूर अब मुँह के निवाले हो गये।

वो तरक्की कर रहे हैं बेचकर ईमान को
लोग जो सच्चे रहे तो जान के लाले हो गये।

दूसरों की पगड़िया उसने उछाली खूब ही
खुद की उछली तो जुवाँ पर उनके ताले हो गये।

गंदगी ही गंदगी फैला रहे हैं लोग सब
साफ सुथरे जो थे दरिया आज नाले हो गये।

रामकृष्ण मौर्य मयंक
शिवपुरी

नाम-	राधा मोहन समाधिया
जन्म तिथि-	2 अप्रैल, 1960
पिता-	स्व. श्री राम दयाल समाधिया
शिक्षा-	स्नातक (साइंस)
प्रकाशन-	देश, प्रदेश की विभिन्न पत्र-पत्रिकाओं में फुटकर प्रकाशन, कई साझा संकलनों में रचनाएं प्रकाशित
व्यवसाय-	शासकीय सेवक कृषि विभाग ग्रा. क्र. वि. अधिकारी से सेवानिवृत
सम्पर्क-	भारतीय विद्यालय के सामने इन्द्र प्रस्थ नगर शिवपुरी (म. प्र.)

अंधेरे तो मेरे

अंधेरे तो मेरे दोस्त थे
पर उजालों ने मुझे धोखा दिया है
मैं किसी से क्या शिकवा करूं
अपनों ने ही मेरा गला घोट दिया है
इस कष्ट से मैं परेशान हैरान हूं
कि एक दोस्त ने जहर का जाम दिया है
हवाएं तो अपनी सीमाओं में थी
पर आंधियों ने उनको बदनाम किया है
बेगाने हो अक्सर मरहम लगाते रहे
कैसे कहूं कि अपनों ने घाव दिया है

पीपल की छांव तले

मैंने एक गांव देखा पीपल की छांव तले
निखता की ओट लिया हुई जब दुपहरी
चारों ओर फैला गया सन्नाटा सन्नाटा
ऐसे में राधा आई श्याम से करने बरजोरी
लाज के सब बंधन टूटे
सपने साकार हुए
पीपल की छांव तले

आंसू

आंखों से जब झलकता है आंसू
दिल की दास्तान सुनाता है आंसू
सुंदर आंखों में जब झिलमिलाता है
मोती बन सीपी का दर्जा दिलाता है आंसू
फिसलता है नाग बन कर जब
संगमरमरी बदन का एहसास दिलाता है आंसू
रहता है जब सीमा के अंदर
है तड़पन बताता है आंसू
कोई जब सिसकी भरे
पेट में उबाल बताता है आंसू
जहां कोई गिरा हुआ मोती मिले
"मोहन" की जिंदगी बताता है आंसू

राधा मोहन समाधिया

नाम-	राधेश्याम सोनी "परदेशी"
पिता का नाम -	स्व श्री राम भरोसी लाल सोनी
जन्म तिथि व स्थान-	7/8/1948 कोलारस
शिक्षा -	हायर सेकेंडरी
प्रकाशन -	छुट-पुट
पता -	शांति नगर कॉलोनी, बालाजी स्टेशन फेक्ट्री के पीछे, हनुमान मंदिर, वार्ड नं.38, शिवपुरी (म.प्र.)

गजल एक

बताऊं क्या तुम्हें किस तरह जी रहा हूं मैं
गम ए फिराक में अश्कों को पी रहा हूं मैं

वफा के नाम पर जो जख्मे दिल दिया तुमने
वो तेरे अश्क से जख्मों को सी रहा हूं मैं

बता दो मेरी खुशी से है दुश्मनी क्यों कर
कभी तुम्हारे भी दिल की खुशी रहा हूं मैं

वह मेरे वास्ते बदनाम हो ना जाए कहीं
इसी सबब से घुट घुट के जी रहा हूं मैं

दिए हैं मुझको परदेसी उजालों ने हर कदम पर धोखे
सदा गिरफ्त-ए-गमो तीरगी रहा हूं मैं

ग़ज़ल दो

कई जन्मों के बाद मिली है जिंदगी इंसान की
चंद सांसों पर रवाँ है जिंदगी इंसान की

ख्वाब अरमानों के दिल में लिए बुन रही
जाले में फंसी मकड़ी के जैसे जिंदगी इंसान की

इरादा करो ना मुकद्दर से लड़ने का
मुतलक होती नहीं जिंदगी इंसान की

खूब रंग चढ़ा मय का शबाब पर
बला- ए- जां हो गई जिंदगी इंसान की

तकब्बुर में भुलाए बैठे हैं सभी को
वादे मर्ग दफन हो गई जिंदगी इंसान की

हुजरे गैब में ना रहा कभी "परदेसी"
दोजख बन गई जिंदगी इंसान की॥

ग़ज़ल तीन

दिल डूब गया गम में अब निशा भी नहीं है
ऐ जिंदगी अब तेरा कोई मकां भी नहीं है

तूने दिए जो दाग बताएं भला किसको
इनमें तो वफा का नाम भी नहीं है

मेरी जिंदगी में तुमको अश्क ही मिलेंगे दोस्तों
हंसने-हंसाने का यहां कोई काम नहीं है

तेरी नजर का धोखा है वह कोई और है
मेरी जिंदगी में प्यार का कहीं नाम नहीं है

इसने बहाए आंसू तेरी याद में सनम
अब आंखों में अश्कों का कहीं नाम नहीं है

बरसों से आरजू है कोई हमसफ़र मिले
पर मेरे मुकद्दर में खुशी की शाम नहीं है

आंसू चढ़ाओ आकर तुम मेरे मजार पर
फूलों का इस मजार पर "परदेसी" कोई काम नहीं है।

नाम-	राजकुमार श्रीवास्तव
जन्म तिथि -	18 जुलाई 1957
जन्म स्थल -	ग्राम व पोस्ट अकोड़ा, जिला भिण्ड (म.प्र.)
शिक्षा -	बी.एस.सी., एम.ए. (अर्थशास्त्र)
पिता -	श्री रामस्वरुप श्रीवास्तव
सृजन -	गीत, गजल आदि का सृजन।
पता -	कर्मचारी कॉलोनी, जगतपुर कोलारस जिला शिवपुरी (म.प्र.)
सम्प्रति-	ग्रामीण कृषि विस्तार अधिकारी विकास खण्ड कोलारस, शिवपुरी

1

जिसके दिल में पत्थरों का गर छुपा इतिहास होगा
फिर कहां उसको किसी के दर्द का एहसास होगा
जिस जगह इंसानियत कोई नहीं पहचानता
उस जगह पर भावनाओं का सदा उपहास होगा
इस जहां में एक दिन ईमान गर उठ जाएगा
फिर यहां दर-दर भटकता हर समय विश्वास होगा
वासनाओं का जहर रग-रग में जब घुल जाएगा
फिर यहां गमगीन खुद रोता हुआ उल्लास होगा
दिल अगर मिल जाएगा इंसान का इंसान से
फिर नहीं कोई पराया और ना कोई खास होगा
आसमां को चूमने की आदमी गर ठान ले
इस जमी से दूर फिर कुछ भी नहीं आकाश होगा

2

छोड़ा है साथ जब से गुलशन का बहारों ने
सब कुछ तो कह दिया है कुदरत के इशारों ने
हर ओर बढ़ रहे हैं बेरुखी के साए
मुंह फेर लिया अब तो उल्फत के नजारो ने
देखेगा भला कैसे वह दर्द दूसरों का
दिल बंद कर लिया हो नफरत में किवारों ने
गठरी गमों कि रखकर दर दर भटक रहा हूं
नजरें ही फेर ली है दुनिया के सहारो ने

ले जाए कहां कश्ती मांझी भी परेशाँ है
रिश्ते ही तोड़ डाले दरिया से किनारों ने
खतरे में पड़ गई है अस्मत भी अब दुल्हन की
गैरों से कर लिया है अनुबंध कहारों ने।

3

यह कैसी दुर्गंध आ रही है हरे भरे बागानों में
लगता आग लग गई मेरे बगिया के अरमानों में
हुई इबादत बंद यहां मंदिर मस्जिद गुरुद्वारों की
सारी दुनिया चूर नशे में भीड़ लगी मयखाने में
धुंआ धरातल पर छाया है हैवानी जज्बातों का
बंधी पड़ी है नैतिकता जंजीरों से तूफानों में
लाचारी कुबेर की भी हो अब खुशहाली लाने में
दुनिया के मशहूर लुटेरे हैं तैनात खजानों में
बचा नहीं है स्वाभिमान सीमा छूटी मर्यादा की
होती है नीलम आबरू इज्जत दार मकानों में
सच्चाई हो गई हताहत झूठे तर्क वितर्क से
सरेआम बिक रहा न्याय अब सरकारी दुकानों में।

राजकुमार श्रीवास्तव
कर्मचारी कालोनी, कोलारस (शिवपुरी)

नाम- संजय श्रीवास्तव

जन्म - 16 अगस्त 1970

जन्म स्थल - कोलारस जिला शिवपुरी (म.प्र.)

शिक्षा - एम. ए. (हिन्दी)

पिता - श्री कोमलप्रसाद श्रीवास्तव

सृजन - प्रतिभा-प्रकाश, क्षितिज की ओर, तलाश मंजिल की (काव्य संकलन) तथा पत्र-पत्रिकाओं में रचनाएँ प्रकाशित।

आत्मकथ्य - परिवेश की कड़वाहट में जीते जीते जिंदगी भी नीम हो गई है। प्रदूषण दूर करने में इसी नीम के प्रयोग का प्रयत्न कर लेता हूँ-"कभी व्यंग्य कभी गीत और कविता के रूप में।

संप्रति - प्राचार्य, हैप्पी होम पब्लिक स्कूल, कोलारस जिला शिवपुरी (म.प्र.)

पता - कटरा मोहल्ला, कोलारस जि. शिवपुरी (म.प्र.)

डगमगाती नाव सी क्यूं है

डगमगाती नाव सी क्यूं है।
जिन्दगी इक ख्वाब सी क्यूं है।

इसका क़तरा भी नशा देता है,
ज़िन्दगी शराब सी क्यूं है।

कभी लगती है जन्नत मानिंद,
ज़िन्दगी सराब सी क्यूं है।

अनबूझ पहेली सी,हर पल,
ज़िन्दगी किताब सी क्यूं है।

कभी हार सी, कभी जीत जैसी,
ज़िन्दगी इक दाव सी क्यूं है।

गमों के पर्वत, खुशी के झरने सी,
ज़िन्दगी बेहिसाब सी क्यूं है।

संजय श्रीवास्तव

सांझ ढली...।

सांझ ढली, बात चली, दिन भी ढल गया।
इक और दिवस उम्र का यूंही निकल गया॥

नारों में रहीं एकता, सद्भावना, कविता।
पर देखते ही देखते, मंजर बदल गया।

ऊंचे रहे हम मंच पर, बजती रही ताली,
उतरे जो मंच से तो, संजय फिसल गया।

अपनों ने कहा खूब कि अपने बने रहो,
अब दूध कहां, छाछ से मुख फिर से जल गया।

जीवन यही रहा, जो लिखा कागजों पै था,
परसों रहा बेकार, आज और कल गया।

जब जेब थी खाली तो कोई पूछता ना था,
दो रुपए क्या मिले तो, पड़ौसी को खल गया।

हम थे जहां पे, और वहीं पर ही रहेंगे
पर मानना पड़ेगा जमाना बदल गया।

संजय श्रीवास्तव

गीत गगन के गाएंगे

उड़ते पंछी नीलगगन के,
सपने दिखला जाएंगे।
धरती पर भी रहकर हम तो,
गीत गगन के गाएंगे।

आशाएं हैं आसमान सी,
धरती है बुनियादों में।
सपने देखें खूब सुनहरे,
हम मजबूत इरादों में।

तक़दीरों की हम पतंग को,
अंतरिक्ष ले जाएंगे।

रोक नहीं पाएंगीं हमको,
क्षणभंगुर अभिलाषाएं।
कठिन डगर के हम राही हैं,
हम पर्वत से टकराएं।

मंजिल दूर भले हो लेकिन,
इक ना इक दिन पाएंगे।

एक रक्त है, राष्ट्र भक्त हैं,
कैसी जाति धर्म कहां।
सत्य, सनातन धरा हिन्द की
सर्वोपरि है कर्म यहां।

काश्मीर से कन्याकुमारी,
स्वर समवेत सजाएंगे।
धरती पर भी रहकर हम तो,
गीत गगन के गाएंगे।

संजय श्रीवास्तव

नाम :	सतीश श्रीवास्तव
पिता :	श्री ग्यासी राम श्रीवास्तव
मां :	श्रीमती रतन देवी श्रीवास्तव
जन्म :	05 सितंबर 1957
शिक्षा :	बी.ए.
संप्रति :	विपणन सहकारी संस्था करैरा में 37 बर्ष सेवायें देकर सितंबर 2017 में सेवानिवृत्त।
कविता :	कविता संग्रह "भोर अभी आने वाली है" प्रकाशित, एक कहानी संग्रह शीघ्र प्रकाश्य, विशेष-तमाम पत्र पत्रिकाओं में प्रकाशित एवं आकाशवाणी से प्रसारित।
संपर्क :	मुंशी प्रेमचंद कालोनी करैरा, जिला-शिवपुरी (मध्य प्रदेश)
पिन :	473660

तुलसी ने समझा दिया

छोटा भाई भरत सा बड़ा बने ज्यों राम,
तुलसी ने समझा दिया अपना अपना काम।
रामचरितमानस यहां देता है वह राह,
आदर्शों को स्वीकारो मिले वही जो चाह।
पिता बनो तो दशरथ जैसे कर लेना सद्काम,
तुलसी ने समझा दिया अपना अपना काम।
गुरु का आदर यहां हुआ है कहता है इतिहास,
जिसने मर्यादाएं तोड़ी क्या पाया है खास।
साथ निभाने के लिए है लक्ष्मण का नाम,
तुलसी ने समझा दिया अपना अपना काम।
गद्दी की कीमत नहीं आपस में हो प्यार,
थोड़े से स्वारथ के कारण मत करना तकरार।
बुरे काम का मानिए सदा बुरा परिणाम,
तुलसी ने समझा दिया अपना अपना काम।
भक्त बनो हनुमान से करना प्रभु का ध्यान,
स्वाभिमान खोना नहीं मत करना अभिमान।
आलस करना छोड़ दो करो काम अविराम,
तुलसी ने समझा दिया अपना अपना काम।
अधिकारों की बात पर चुप मत रहना आप,
वरना यह चुप्पी तुम्हें बन सकती है शाप।
हक से आकर मांगिए अपने हक का दाम,
तुलसी ने समझा दिया अपना अपना काम।

_सतीश श्रीवास्तव_
_मुंशी प्रेमचंद कालोनी करैरा_

गंगा कितना धो पाएगी।

जीवन पथ पर अनजाने में कितने पाप का बोझा ढोया,
गंगा कितना धो पाएगी जब तक मन का मैल न धोया।

ढूंढ रहा मृग वन वन जाकर
कस्तूरी खुद में रहती है,
मन के मैल को धोने वाली
मन में ही गंगा बहती है।

तुम्हें पता है कितना पाया और यहां पर कितना खोया,
गंगा कितना धो पाएगी जब तक मन का मैल न धोया।

माया-मोह में फंसा सोचता
यह भी मेरा वह भी मेरा,
किंतु समझ न पाया मनवा
यह जीवन बस रैन बसेरा।

वही तो काटेगा तूं प्यारे जैसा बीज यहां पर वोया,
गंगा कितना धो पाएगी जब तक मन का मैल न धोया।

तुलसी सूर कबीर सभी तो
समझा समझा हारे,
समझाते हैं सूरज चंदा
और गगन के तारे।

जो दुनिया के काम न आया दुनियाभर का रोया,
गंगा कितना धो पाएगी जब तक मन का मैल न धोया।

हरि का भजन कल कर लेंगे
सोच सोच दिन बीते,
पुण्य लाभ के सारे खाते
हैं रीते के रीते।

अब तो जाग अरे ओ मनवा जीवन भर तो सोया,
गंगा कितना धो पाएगी जब तक मन का मैल न धोया।

सतीश श्रीवास्तव
मुंशी प्रेमचंद कालोनी करैरा

नाम :- सौरभ तिवारी (सरस)

पिता :- स्व०श्री सुरेंद्र तिवारी

माँ :- श्रीमती शरद तिवारी

जन्मतिथि:- 14 जून 1980

जन्मस्थान :- करैरा जिला शिवपुरी

सम्प्रति :- वनरक्षक (वनविभाग)s

शिक्षा :- स्नातकोत्तर समाजशास्त्र, राजनीति शास्त्र

प्रकाशन :- आकाशवाणी पत्र,पत्रिकाओं में निरन्तर प्रकाशन

संपर्क :- संस्कार-भवन शम्भूदयाल कॉलोनी,महिंद्रा फाइनेंस गली कृषि उपज मंडी करैरा जिला शिवपुरी (म.प्र.)

पिन - 473660

मेरा लिखा पढ़ेगा कौन

मैं मन का कोलाहल लिख दूँ
या लिखूँ, गूंजता अन्तर मौन ॥
लिखने को, हर आह भी लिख दूँ
मेरा लिखा, पढ़ेगा कौन........?

रोम रोम की,लिखूँ वेदना
संवेदी शीतल गान, लिखूँ ॥
यदि लिखने पर, आ जाऊं
तो, टूटे सब,अरमान लिखूँ ॥
जागी हर इक, रात लिखूँ तो
मेरे स्वप्न, गढ़ेगा कौन ॥
मेरा लिखा, पढ़ेगा कौन ....?

बिखरी बिखरी लिखूँ तमन्ना
जीवन के, कटु ताप लिखूँ ॥
अपने हाथों, सिले जो मैंने
दिल के सारे, चाक लिखूँ ॥
नीर क्षीर, दोनों लिख दूँगा
उनको पृथक, करेगा कौन ॥
मेरा लिखा, पढ़ेगा कौन....?

हर्फ हर्फ में, सिसकी लिख दूँ
अचल अटल, विश्वास लिखूं ॥
कदम कदम पर,किया जिन्होंने
उनका हर, उपहास लिखूं ॥
तन्जों के जो, दंश नुकीले
दिल मे चुभे, चुनेगा कौन ॥
मेरा लिखा, पढ़ेगा कौन... ?

अपने मन की निर्मलता के
सारे साक्ष्य, लिखूँगा मैं ॥
दर्पन जैसे, परम् सत्य सी
सारी बात, लिखूँगा मैं ॥
मेरे पावन, आलेखों को
अंगीकार, करेगा कौन ॥
मेरा लिखा, पढ़ेगा कौन.... ?

जिसने चाहा, उसके जैसा
हाँ बिल्कुल, ढल सकता हूँ ॥
जिस पथ पर,तुम चलने निकले
खुशी खुशी, चल सकता हूँ ॥
मैं, मूरत सा, ढल जाऊँ
पर मेरे साथ, ढलेगा कौन ॥
मेरा लिखा, पढ़ेगा कौन.... ?

चलो दुःखों को लिखते हैं

गीत लिखे, श्रृंगार लिखा
कल-कल,नदिया की धार लिखा।
सरस् रसीले गीत चखे सब
जरा गरल भी, चखते हैं।
चलो दुःखों को लिखते हैं॥

नत नैनों की भाषा रच दी
पुष्पों की अभिलाषा रच दी।
इस दुनियाँ का दर्द दिखाने
आँसू की परिभाषा रच दी,
पर, आँसू का,श्रोत किधर है
समझें और, परखते हैं।
चलो दुखों को, लिखते हैं॥

संघर्ष लिखा,उत्कर्ष बताया
मण्डित कर इतिहास सुनाया।
विजयी मनुज की,हर करनी से
लिया सबक, आदर्श बनाया
शीर्ष शिखर, पाने वालों के
हम छाले नहीं, निरखते हैं
चलो दुःखों को, लिखते हैं.......

शब्दों से रस बरसाया भी
भँवरों की गूँज सुनाई भी,
पुष्प पराग की,प्रीत रसीली
पढ़ी, लिखी और गाई भी।
अब अंतस के दर्द दिखाने
निज हृदय हथेली रखते हैं
चलो दुःखों को, लिखते हैं॥

जो मुस्काए, फूलों जैसा
सबमें प्रेम, लुटाता हो,
औरों का मनताप,मिटाने
शीतल जल बन जाता हो,
आओ खोजें,उसके मन मे
अंगारे कहाँ, दहकते हैं
चलो दुःखों को लिखते हैं॥

नाम-	धाकड़ श्याम बिहारी 'सरल'
जन्मतिथि-	21 अप्रेल 1962
जन्म स्थान-	पिपरघार, परगना पोहरी, जिला शिवपुरी (म.प्र.)
व्यवसाय-	शासकीय सेवा (शिक्षक)
रुचि-	सुगम संगीत, लोकगीत, क्लासीकल गायन, चित्रकला, समाज सेवा, अभिनय, कहानी-कविता एवं (स्वतंत्र लेखन)।
प्रसारण-	आकाशवाणी शिवपुरी से कविता एवं लोकगीत प्रसारण।

साहित्यिक उपलब्धियाँ- बाल साहित्य के अंतर्गत "सरल बाल पहेलियाँ" पुस्तक की रचना एवं संपादन, साथ-साथ अन्य शैक्षिक पत्रिकाओं का सह संपादन, विभिन्न पत्र-पत्रिकाओं में लेख एवं कविताओं का प्रकाशन, काव्य गोष्ठियों में सहभागिता। साक्षरता, शिक्षा, निर्वाचन तथा पर्यावरण आदि विभिन्न क्षेत्रों में वातावरण निर्माण के साथ-साथ गीतों का सृजन, गायन तथा प्रस्तुतीकरण। राष्ट्रीय मंच/पर्व, स्कूल, कॉलेज, प्रतिष्ठित संस्थानों पर आयोजित सांस्कृतिक कार्यक्रमों में सहभागिता/सहयोग व विभिन्न प्रतियोगिताओं में निर्णायक भूमिका।

वर्तमान पता- "कला भवन" (निज निवास), हनुमान कॉलोनी सिद्धि विनायक हॉस्पिटल के पीछे, न्यू बस स्टेण्ड शिवपुरी

नव चूनर पहराई...

निज अनुपम छवि देख,
धरा मुस्काई।
जब इंद्र पिया ने, नव चूनर पहराई॥

चहुँ ओर चहकती फिरती,
हरियाली हँसती।
कहीं फुदक-फुदक मनमीत,
मिला कोयल गाती॥
कहीं निरख-निरख छवि,
अवनि घटा रुक जाई।
जब इंद्र पिया ने, नव चूनर पहराई......

खिल उठी कमल की पाँखें,
मध्य तड़ागन में।
मन मस्त हुई लतिकाएँ,
फूली बागन में॥
हरियाली ने भी,
हँसकर ली अँगड़ाई।
जब इंद्र पिया ने, नव चूनर पहराई.....

सखियों ने भी झूलों पर,
सावन के गीत सुनाए।
खंजन मोर पपीहा चातक,
हरख-हरख गुण गाए॥
निरख रूप धरती दुल्हन रति,
रूप सहा नहिं जाई।
जब इंद्र पिया ने, नव चूनर पहराई.....

-धाकड़ श्याम बिहारी 'सरल'
पोहरी, जिला शिवपुरी (म.प्र.)

आज पहली बार सिर्फ

ब्रम्ह मुहूर्त मे मुर्गे ने
बाग दे जगाया ।
चिड़ियो ने प्रभाती गा
मुझको उठाया ॥

कौऐ ने मुढेर पर
बैठकर की काँव-काँव।
कहने लगा मेहमान कुछ,
आ रहे हैं इस ठाँव॥

तब तक पपीहे ने,
दिल को रुलाया।
पूर्वी में गमगीन एक,
तराना सुनाया॥

बासंती हवा ने,
झकझोर कर हिलाया।
सखियों के कलरब ने,
मन को जगाया॥

तब तक कुछ फागुन के,
फगुए चिल्लाए।
ऊँचे-ऊँचे स्वर में,
समूह गीत गाए॥

पिया बिन अकेलि मैं,
डर गई, घबरा गई।
आज पहली बार सखि,
घिर गई, शरमा गई॥

-धाकड़ श्याम बिहारी 'सरल'
पोहरी, जिला शिवपुरी (म.प्र.)

नाम-	शरद गोस्वामी
पिता का नाम-	श्री कैलाश गिरी गोस्वामी (कृषि)
माता का नाम -	श्रीमती उर्मिला गोस्वामा
शिक्षा-	स्नातक
विद्दा-	गीत, गजल
प्रकाशन-	विभिन्न समाचार पत्रों में फुटकर प्रकाशन एक गजल संग्रह प्रकाशन की प्रतीक्षा में
सम्पर्क सूत्र-	छत्री रोड, शिवपुरी म.प्र.

चादर मेरा

जाने क्या और दिखाएगा मुकद्दर मेरा
सर से पैरों तलक़ आता नहीं चादर मेरा

बड़े होते ही दरवाजा हो गया छोटा .....
घर में आते ही झुक जाता है अब सर मेरा

मां के आंचल तले छुपते से ही सो जाता था
अब तो अपना सा नहीं लगता है बिस्तर मेरा

अब तो खुद से ही घबराया हुआ रहता हूं
कहीं का भी नहीं छोड़ेगा मुझे डर मेरा

मुझको आया नहीं बनाना एक भी दुश्मन
चलेगा एक दिन अब खुद पर ही खंजर मेरा

दर्द ही ओढ़ता हूँ दर्द ही बिछाता हूँ .....
कफ़न सा लगने लगा अब मुझे चादर मेरा

जाने क्या और दिखाइएगा मुकद्दर मेरा
सर से पैरों तलक आता नहीं चादर मेरा

शरद गोस्वामी

उजागर होंगे

फूल और खार उजाग़र होंगे
सबके क़िरदार उजाग़र होंगे

बनके बैठे है रौनके महफ़िल
सब हैं बेज़ार उजाग़र होंगे....

सत्य का सूर्य उगेगा एकदिन
सब अंधकार उजाग़र होंगे...

एक साज़िस में सभी शामिल हैं
सभी के तार उजाग़र होंगे.

किसने मारा, है कौन हत्यारा
कितने गद्दार... उजाग़र होंगे...

जब सरेराह तमाशा होगा....
सरेबाजार उजागर होंगे

फूल और ख़ार उजाग़र होंगे
सबके क़िरदार उजाग़र होंगे

शरद गोस्वामी

बच के निकल रहा हूँ

बहक रहा हूँ सम्हल रहा हूँ
मुझे है चलना मैं चल रहा हूँ

ज़माने भर की रवायतों से
मैं थोड़ा बचके निकल रहा हूँ

जहाँ में कुछ न बदलनें वाला
मैं खुद को थोड़ा बदल रहा हूँ....

ये रौशनी हो तुम्हे मुबारक़
मैं दीप बन बनके ही जल रहा हूँ

तुम अपने दिल में करो चरागां
मैं मोम बनके पिघल रहा हूँ

किसी के दिल में उतर गया हूँ
किसी की नजरों में खल रहा हूँ

वो जितना कीचड़ उछाले मुझपर
मैं उतना ज्यादा उजल रहा हूँ

शरद गोस्वामी

नाम - शगुफ्ता रहमान 'सोना'

पिता - स्व० श्री अब्दुल रहमान

पति- श्री इसरार अहमद (प्रवक्ता)

सम्प्रति- मुख्य शिक्षिका (बेसिक)

शिक्षा- बीए.बीएड., मुअल्लिम

जन्म - 25 मई,

जन्मस्थान- ठाकुरद्वारा, मुरादाबाद,उत्तर प्रदेश

वर्तमान पता- काशीपुर, उधमसिंहनगर, उत्तराखंड

लेखन रुचि- कविता,गजल,दोहा, कहानी, आलेख।

प्रकाशित पुस्तके-

1. उत्तर प्रदेश की सात कवयित्रियां। (काव्य संकलन)

11 .देश के विभिन्न अखबारों एवं पत्रिकाओं में रचनाएं अविरल प्रकाशित।

विशेष - लाकडाउन के 55 दिन पुस्तक में काव्य परिचर्चा में कविताएं सम्मिलित एवं प्रशस्ति पत्र। (मशहूर शायर जनाब मुनव्वर राणा और फिल्म अभिनेत्री शबाना आजमी के हस्ताक्षर युक्त)

सम्मान- देश की विभिन्न साहित्यिक सास्कृतिक संस्थाओं द्वारा बीस से अधिक सम्मान एवं प्रशस्ति पत्र प्राप्त

ई मेल shaguphtarehman70@gmail.com

ग़ज़ल

आंख में ख्वाब मेरे ही पलते रहे।
हर कदम साथ मेरे ये चलते रहे।

मुश्किलें मंजिलो संग चलने लगें।
फिर जहां में कहां हम अकेले रहे।

इक दिया का सहारा बहुत है मुझे,
दूर तक रोशनी साथ न ये रहे।

ये डगर साथ मेरा ही देंगी मगर,
हौसले भी मुझे यूं ही मिलते रहे।

जागती आंख से ख्वाब देखा नहीं,
मंजिलों का पता हम भी करते रहे।

वक्त वादा करा दे अगर मुझसे यूं
फिर मुझे गर्दिशों में न जकड़े रहे।

साथ सोना तभी तक देगी यहां,
हौसला भी वफ़ा संग करते रहे।

***

शगुफ्ता रहमान सोना
ऊधमसिंहनगर, उत्तराखंड

गजल

गजल दास्तां मेरी कहने लगी।
खबर हर कहीं मेरी रहने लगी।

रखे सीप में मोती की तरह से
छुपाकर मै अश्कों को रखने लगी।

गुजरती हुई इस अदा से कहो,
सिमटकर जिगर में उतरने लगी।

तिरी सांस से ही ये महकी फिजा,
बदन में ये खुशबू उतरने लगी।

तिरी आरजू थी मिरी जिंदगी,
मचलते ही दिल मैं संभलने लगी।

न कट जाए मेरा ही तन्हा सफर,
इसी सोच से मैं गुजरने लगी।

तिरी प्यार की से कली गुल बनी,
कसक उसके दिल में मचलने लगी।

फजा मे महकती हुई ये ग़ज़ल,
मिरे प्यार को गुनगुनाने लगी।

हटो वाह सोना रही मुझ तलक,
जमी कहकशां से ये कहने लगी है।

***

गजल

प्यार करने वाला ही इंसान है।
दो दिलों का वस्ल ही तूफान है।

इज्तिराबी लेके आयी है खुशी,
वरना दिल होता बड़ा नादान है।

बेबसी का हाल कुछ पूछा नहीं,
अन्जुमन उसकी हुई वीरान है।

मुख्तसर सी जिंदगी जी ले जरा,
यह खुदा का ही बड़ा मीजान है।

ढाल कर अपने को अपने में जरा,
मोल माटी का बहुत औज़ान है।

आशियाना क्यूं बनाना है मुझे,
जब खुदा के घर का ही फरमान है।

इब्तिदा सोना की होगी अब कहां,
अब नई मंजिल का ही इमकान है।

शगुफ्ता रहमान 'सोना'

नाम : डॉ. योगेन्द्र शुक्ल

जन्म : 25 दिसम्बर 1955 मार्ग शीर्ष शुक्लपक्ष

जन्म स्थल : शिवपुरी

शिक्षा : एम.ए. (हिन्दी) एल-एल.वी.पी.एच.डी. एम. वी. एच. (होम्यो) आयुर्वेदरत्न, गीता-रामायण विशारद, संपादन कला विशारद।

पिता : स्व. पं. वीरभान शुक्ल

सृजन : वर्ष 1971 से सतत साहित्य सृजन। देश-प्रदेश की पत्र-पत्रिकाओं में रचनाओं का प्रकाशन एवं आकाशवाणी, ग्वालियर, इन्दौर भोपाल तथा शिवपुरी से रचनाओं, वार्ताओं का प्रसारण ! "ओस की बूंदें", "प्रतिमा प्रकाश' इगित काव्य संकलनों में कविताओं का प्रकाशन। भारतीय संस्कृति के परिप्रेक्ष्य में रामचरित मानस का मूल्यांकन तथा आधुनिक प्रासंगिकता के परिपेक्ष में रामचरित मानस का पुनरमूल्यांकन शोधग्रन्थ।

संप्रति : सेवानिवृत्त प्रभारी तहसीलदार संचिव- स्व. रामेश्वरी देवी शुक्ला स्मृति जन उत्थान संस्था शिवपुरी म.प्र.।

संयोजक - श्रीरामायण सत्संग मंण्डल शिवपुरी संस्थापक-संपादक- राष्ट्रीय- वसीयत समाचार पत्र।

संपर्क : 37. पटेलनगर टी. व्ही.टोवर रोड शिवपुरी म.प्र.।

भींग रहा मीठी उमंग में, दिल का कोना-कोना

जाने क्या संदेश देगये, प्रिय के नयन चितेरे,
भींग रहा मीठी उमंग से दिल का कोना-कोना !!

उमड़ चली, यमुना प्राणों की
सांसों के मधुवन में,
सीमा हीन हुई आशायें,
भावों के बंधन में।

तनिक ठहर तट से झुक देख, चंदा सुघड़ सलौना
भींग रहा मीठी उमंग से, दिल का कोना-कोना ॥

शब्द कप रस गंध तुम्हारी,
कण-कण में विखरी।
क्षणभर की मुस्कान बन गई,
इन्द्रधनुष बदरी।

मन मयूर हे ताल बोलता, बरसा तो होना।
भींग रहा मीठी उमंग से, दिल का कोना-कोना ॥

छवि से प्राण जुड़ गये मेरे
तेरे आराधन में
मन ही क्या बन भी बौराया
यादों के सावन में।

अंजुलि भर उड़ गई उदासी ले कजरी का टोना।
भींग रहा मीठी उमंग से, दिल का कोना-कोना ॥

पावस की दुधमही दुपहरी
इठलाये मधुवन में
फूली - फूली फिरे, टिटहरी
अमुवा के आंगन में

पलकों के पनघट लहराये, दमके रूप सलौना
भींग रहा मीठी उमंग से दिल का कोना-कोना ॥

योगेन्द्र कबू शुक्ल

डाल कर सेज किरणों की चन्दा के संग

रात भर चांदनी गीत गाती रही।
नीचे भूतल पर छायी वसन्ती-विभा
रजनीगन्धा को बातें सुनाती रही॥
भाव सिरसा किये साथ की गोद में,
अर्चना दीपिका, टिमटिमाती रही।
जिनसे निकली किरण चितवनें पूनमी,
प्राण छूती रहीं, गुदगुदाती रहीं।
बोल होठों पे आये मगर रुक गये,
वो तो शरमा गई, वो लजाती रही॥
सामने मुस्कराते प्रिया प्राण-धन
मन में मूरतवासी, क्या करे रावरी।
एक मन की व्यथा, एक तन की जलन,
किससे नेहा करे क्या करे वावरी ॥
भाव की उर्मि ने, एक जादू किया,
प्राण अकुला उठे, वो छुपाती रही॥
वे नयन रुक गये, रूप के घाट पर,
रस पिलाती रही, चितवनों की लहर।
रातभर प्यास में कण्ठ डूबा रहा,
छक के पी न सकी, प्यास की वो नजर॥
हर लहर कंठ में ओस बन टिक गई
लाज की राईमयां, खिलखिलाती रहीं
डगमगाये अधर दो मिलन के लिए
नींची पलकों में लहराया सम्मोहन।
लेके विश्वास जुड़ी हो भुज बाल्लीयां,
कितना मधुरिम था, भावों का अवगुण्ठन !!
चांद हंसता रहा ज्वार उठता रहा
चांदनी कुन्तलों में मुंह छुपाती रही॥

दो कजरारे नैन तुम्हारे, कर लेंगे प्राणों को बन्दी

यदि मैं कहीं जानता होता?
सच कहता हूँ विठला देता, मैं अपनी पुतली पर पहरा॥
पुतलियों में डुबाकर, नजर की कलम
नेह के पृष्ठ पर तुम, उतर आओगी।
स्वप्न छलना से वंचित, मेरे प्राण थे
लाज की ओस बनकर, संबर जाओगी
हास की मौन वाणी से होकर व्यथित
गीत गाता फिरूंगा मैं मनुहार का
यदि मैं कहीं जानता होता....।
सपनों की उजड़ी बस्ती में,
मुस्कानों के मेले होंगे।
स्वप्न विकेंगे ड्योड़ी - ड्योड़ी
अभिसारों के खेले होंगे॥
प्यासा मन तुमको ढूंढ़ेगा,
गाते गीत मल्हार का॥
यदि मैं कहीं जानता होता.....॥
अंधियारे के कांधों पर
ज्यों वैरी सूरज उग आये।
चितवन की किरणों में उलझा।
मेरा मन बैरी ललचाये॥
निर्मोही इन आंखों में भी
झूमेगा सपना प्यार का॥
यदि मैं कहीं जानता होता...॥